CASGLU STRAEON GWERIN YN ERYRI

Llyfrau Llafar Gwlad

Casglu Straeon Gwerin yn Eryri

John Owen Huws

Llyfrau Llafar Gwlad

Testun: John Owen Huws

Argraffiad cyntaf: Calan Mai 2008

Rhif Llyfr Safonol Rhyngwladol:
978-1-84527-182-3

Mae'r cyhoeddwyr yn cydnabod cefnogaeth ariannol
Cyngor Llyfrau Cymru

Cynllun clawr: Sion Ilar
Map: Ken Lloyd Gruffydd

Argraffwyd a chyhoeddwyd gan Wasg Carreg Gwalch,
12 Iard yr Orsaf, Llanrwst, Dyffryn Conwy, LL26 OEH.
01492 642031
01492 641502
llyfrau@carreg-gwalch.co.uk
Lle ar y we: www.carreg-gwalch.co.uk

Hoffwn ddiolch o waelod calon i'r canlynol am fy nghynorthwyo i gwblhau'r traethawd hwn – Yr Athro Bedwyr L. Jones a Mr Derwyn Jones, Bangor a hefyd staff yr Amgueddfa Werin yn Sain Ffagan, yn arbennig felly Mr Robin Gwyndaf. Mae fy niolch mwyaf yn mynd i'm mam am ei theipio destlus.

John Owen Huws
(Rhagymadrodd ei Draethawd MA 1976)

Llyfrau, llên gwerin, sgwrsio gyda phobl a gwrando oedd y byd lle'r oedd John yn ei elfen. Mae'r traethawd gradd a luniodd yn destament cyfan o hynny ac ers ei farwolaeth ddisyfyd yn ôl yn 2001, mae tair cyfrol rwymedig ar straeon Eryri wedi gorwedd mewn cwpwrdd yn casglu llwch. Nid yn y fan honno mae eu lle a rhaid diolch yn bennaf i'w ffrind, Myrddin ap Dafydd am wireddu breuddwyd John o weld y gwaith yn cael ei gyhoeddi a'i rannu gyda Chymru gyfan. Maent yn gasgliad gwerthfawr o straeon gwerin a ysgrifennwyd gan ŵr arbennig iawn.

Helen Huws

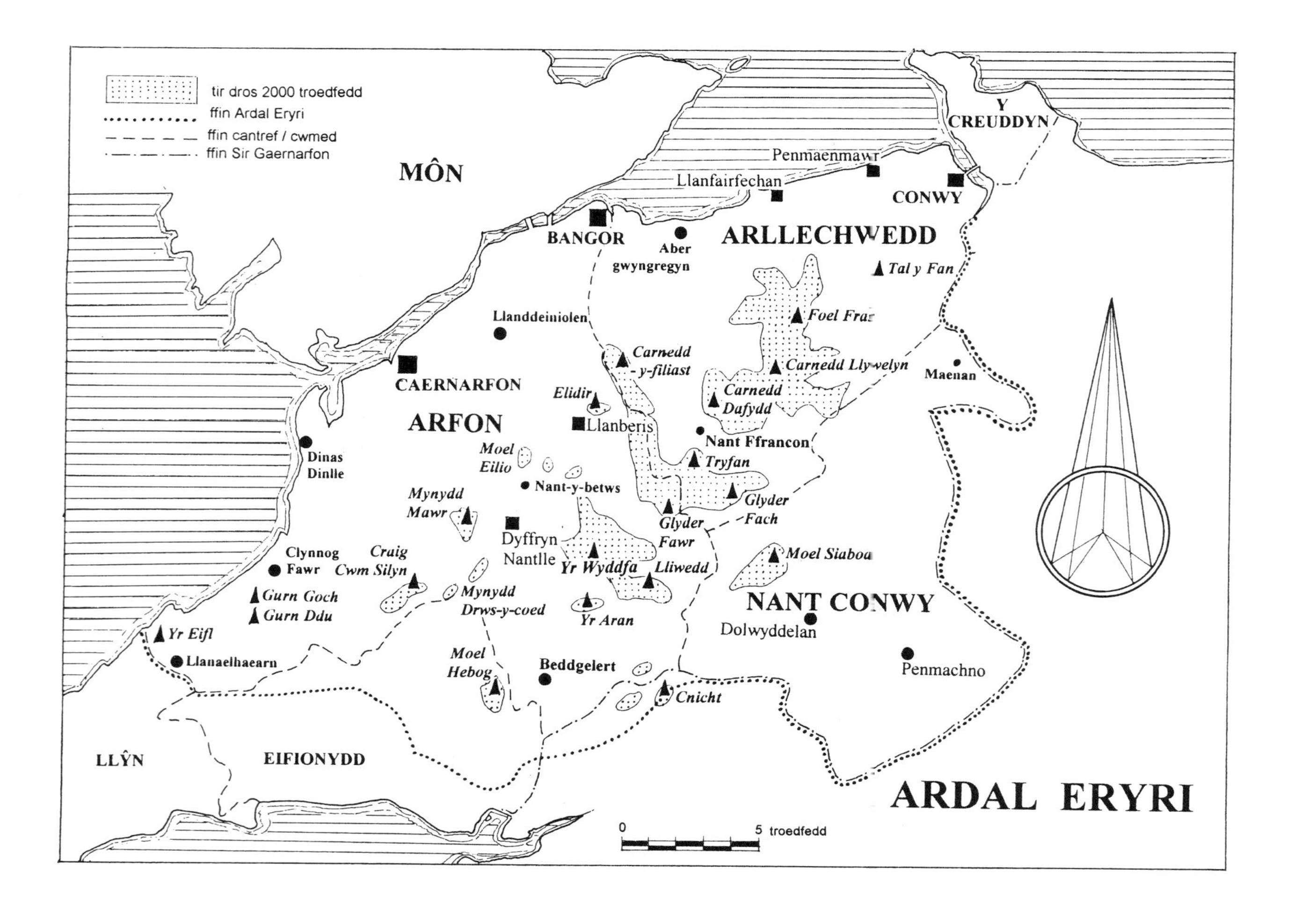
tir dros 2000 troedfedd
ffin Ardal Eryri
ffin cantref / cwmed
ffin Sir Gaernarfon
MÔN
Y CREUDDYN
Penmaenmawr
Llanfairfechan
CONWY
BANGOR
Aber gwyngregyn
ARLLECHWEDD
Tal y Fan
Llanddeiniolen
Foel Fras
Carnedd y-filiast
Carnedd Llywelyn
Maenan
CAERNARFON
Elidir
Carnedd Dafydd
ARFON
Llanberis
Nant Ffrancon
Dinas Dinlle
Moel Eilio
Tryfan
Nant-y-betws
Glyder Fach
Mynydd Mawr
Glyder Fawr
Dyffryn Nantlle
Moel Siabod
Clynnog Fawr
Craig Cwm Silyn
Yr Wyddfa
Lliwedd
Gurn Goch
Mynydd Drws-y-coed
NANT CONWY
Gurn Ddu
Yr Aran
Dolwyddelan
Yr Eifl
Llanaelhaearn
Moel Hebog
Beddgelert
Penmachno
Cnicht
LLŶN
EIFIONYDD
ARDAL ERYRI
0
5 troedfedd

Cynnwys

Rhagair

Cyflwynodd John Owen Huws, yn enedigol o'r Waunfawr ger Caernarfon, ei draethawd ymchwil ar gyfer MA Prifysgol Cymru yn 1975. Ei destun oedd 'Straeon Gwerin Ardal Eryri'. Teipiwyd y gwaith a'u rhwymo'n dair cyfrol clawr caled yn Chwefror 1976 – 170 o dudalennau o ragymadrodd a thros 1,000 o dudalennau o destun MA yn yr hen deip oedd hwn – mae Gwyn Thomas yn egluro'r gwahaniaeth fu yn statws MA ers hynny yn ei ysgrif goffa i John:

> Mae'n wir dweud fod natur gradd MA wedi newid yn sylweddol ers tua phymtheng mlynedd neu fwy – bellach, gradd am waith blwyddyn ydyw, a gradd am waith cyffredinol ar faes arbennig, ynghyd â thraethawd hir, o ryw 20,000 o eiriau ar agwedd fwy arbenigol o fewn y maes. Cynhwysir elfen o hyfforddiant mewn dulliau o ymchwilio ynddi hefyd. Y mae'n radd dra buddiol, ond mae'n drueni nad yw'n eglur mor wahanol ydyw o'i chymharu â'r hen radd MA, a oedd yn radd ymchwil a barai ddwy flynedd. Byddai'n rhaid ymchwilio i bwnc sylweddol, neu o leiaf i agweddau ar y pwnc nad oedd wedi eu trafod o'r blaen. Byddai amryw byd o'r hen draethodau MA yn haeddu gradd PhD heddiw. Yn sicr, byddai traethawd John yn draethawd PhD ar ei ben.
>
> Wrth lunio'r traethawd hwn bu raid i John ymgydnabod â'r dulliau cydnabyddedig o drafod llên gwerin a'r gwahanol fathau o ddamcaniaethau ynghlwm â thraddodiad llafar llenyddiaeth. Golygai hefyd y byddai'n rhaid iddo fynd ati i chwilio yn ardal Eryri am bobl yr oedd ganddynt straeon i'w hadrodd, a'u perswadio i adrodd y straeon hynny ar dâp. Yr Athro Bedwyr Lewis Jones a oruchwyliai ei ymchwil, gyda pheth cymorth gan Robin Gwyndaf o Amgueddfa Werin Sain Ffagan. Myfi oedd ceidwad offer technegol yr Adran Gymraeg, a chawn sgyrsiau aml gyda John am ei hynt a'i helynt efo'r recordydd tâp eithaf sylweddol ei faint a haliai o gwmpas y wlad. Y syndod i mi oedd ei fod, yn nechrau'r saithdegau, wedi llwyddo i gael gafael ar gynifer o bobl a wyddai hen straeon gwerin ac a allai eu hadrodd. Y mae ei draethawd yn drysorfa o ddefnyddiau ac o ddadansoddiadau medrus iawn. Ar un adeg bu'n sgwrsio gyda mi ynglŷn â chyhoeddi ffurf o'r traethawd ac, yn wir, darllenais rai rhannau yr oedd wedi eu paratoi ond, yn anffodus, oherwydd ei holl brysurdeb ni lwyddodd i ddwyn ei fwriad i ben.
>
> *Llafar Gwlad* 72, Mai 2001

Rhan o'r prysurdeb hwnnw y cyfeiriai Gwyn Thomas ato oedd cynnal dosbarthiadau nos, cynhyrchu a chyflwyno rhaglenni radio, trefnu digwyddiadau i'r cyhoedd yn Amgueddfa Werin, Sain Ffagan, golygu *Llafar Gwlad* a chyhoeddi addasiadau o chwedlau Cymru i blant a nifer o gyfrolau eraill ym maes llên gwerin.

Roedd y prysurdeb ar ei anterth pan fu farw'n annhymig. Gadawodd bentwr o waith ar ei hanner a lleng o syniadau a breuddwydion y byddai wedi hoffi gweld eu gwireddu. Heb os, pe bai wedi cael byw, byddai'i frwdfrydedd, ei egni, ei allu a'i benderfyniad wedi sicrhau y byddai wedi cyflawni corff sylweddol o waith gwerthfawr, ychwanegol at restr sydd eisoes yn faith.

Roedd cyfathrebu'n allweddol i weledigaeth John – pontio a chyflwyno i'r cyhoedd oedd ei grwsâd. Casglu er mwyn rhannu oedd ei nod mewn bywyd. Meddai John Williams Davies, Curadur Sain Ffagan, amdano:

> Roedd gwneud yr Amgueddfa'n boblogaidd yn hollbwysig yn nhyb John. Denu ymwelwyr o bob cefndir, a'u haddysgu am ehangder, pwysigrwydd a gogoniant bywyd gwerin Cymru oedd ei nod. Mewn ffordd, roedd John ymhell o flaen ei amser yn hyn o beth. Erbyn heddiw, clywn lawer o sôn am *social inclusion*; bu *social inclusion* yn rhan annatod o agwedd John tuag at ei waith o'r cychwyn, ac mae'r Amgueddfa Werin wedi elwa'n fawr o hynny. Roedd ganddo'r cefndir a'r gallu academaidd i drin a thrafod ei faes ar lefel Prifysgol, yn ogystal â chyfathrebu â phawb a bu'n rhyfeddol o lwyddiannus yn gwneud hynny. Estyniad o hyn wrth gwrs oedd ei olygyddiaeth o *Llafar Gwlad*, cylchgrawn poblogaidd sydd yn agored i bawb, ac sydd yn apelio at bawb.
>
> *Llafar Gwlad* 71, Mai 2001

Dymuniad John fyddai ei fod wedi cael cyfle i gyflwyno ffrwyth ymchwil ei draethawd academaidd i'r cyhoedd – mewn gwisg fwy poblogaidd na'r tair cyfrol clawr caled sydd mewn llyfrgelloedd dethol. Wrth ddathlu canfed rhifyn *Llafar Gwlad* a pharhad cyfres Llyfrau Llafar Gwlad, mae'n addas ein bod yn ceisio gwireddu'r amcan honno ar ei ran.

Cyhoeddwn ei ragymadrodd fel teitl unigol yng nghyfres Llyfrau Llafar Gwlad a thestun y traethawd mewn dwy gyfrol arall. Mae'r gwaith wedi'i ddiosg o'r rheidrwydd academaidd i gyfiawnhau pob gosodiad gyda ffynhonnell o ryw fath neu'i gilydd – ond cynhwysir ôl-nodiadau cryno a llyfryddiaeth helaeth at ddefnydd darllen pellach.

Mae'r rhagymadrodd yn batrwm y gellid ei ddefnyddio mewn ardaloedd eraill o Gymru.

Cwtogwyd rhywfaint ar y testun. Ers iddo wneud y gwaith ymchwil cyhoeddwyd dau gasgliad helaeth o straeon celwydd golau dan olygyddiaeth Arthur Thomas ac ni chynhwyswyd ond yr enghreifftiau ychwanegol o'r math hwnnw o straeon yn nhraethawd John. Yn yr un modd, mae John yn dyfynnu straeon digri am gymeriadau o gyfrolau fel *Ffraeth a Phert* (Yr Hen Barc, 1930); *Wagenad o Straeon* (O. R. Williams, 1973); *Glywsoch chi Hon?* (J. Ellis Williams, 1968) a *Canrif y Chwarelwr*) Emyr Jones, 1963). Detholiad o'r gweddill oddi ar dapiau Amgueddfa Werin Cymru ac o gasgliad John ei hun a gyhoeddir yn y cyfrolau hyn.

Roedd John yn fyd-eang ei orwelion, ac mae'r cofnodi hwnnw yn wrtaith parhaus i'w wreiddiau ym maes ei lafur. Mae'n cyfeirio ar ddechrau ei ragymadrodd nad oes fawr o astudio llên gwerin yng Nghymru. Dyna sut oedd hi yn 1976. Mae pethau wedi newid yn sylweddol erbyn hyn. Ceir cyrsiau a chynadleddau llên gwerin dan nawdd Prifysgol Cymru; cyrsiau a chyhoeddiadau dan nawdd Cymdeithas Llafar Gwlad ac mae llên gwerin yn cael ei ddathlu fwyfwy mewn amgueddfeydd, celf a gwyliau cyhoeddus ar draws gwlad. Heb amheuaeth, gwnaeth John Owen Huws gyfraniad helaeth i hybu'r newidiadau hynny.

Myrddin ap Dafydd

Cyflwyniad

Pwnc astudiaeth cymharol newydd yng Nghymru yw Diwylliant Gwerin. Nid astudir ef yn rheolaidd yn yr un o'n colegau; nid yw'n bwnc mewn unrhyw gwrs addysg nac arholiad. Eto cafodd Diwylliant Gwerin fwy o sylw yng Nghymru nag yn un o wledydd eraill Prydain. Ond hyd yn hyn pwnc amgueddfa ydyw yma. Mewn nifer o wledydd ar y Cyfandir, ac yn arbennig yng ngwledydd Llychlyn, rhoddir lle anrhydeddus iawn i astudiaethau Diwylliant Gwerin, nid yn unig yn yr Amgueddfeydd Gwerin ond hefyd yn y prifysgolion a'r ysgolion.

Rhan o gyfanrwydd bywyd gwerin yw'r stori werin. Er bod y gwaith hwn [Gweler *Straeon Gwerin Ardal Eryri,* Cyfrol 1 a 2] yn astudiaeth o straeon ardal arbennig, rhan o unoliaeth traddodiad ehangach ydyw. Wrth astudio penillion, chwedlau neu gredoau tueddwn i'w casglu a'u dosbarthu heb gofio eu bod i gyd yn rhan annatod o ddull cyfan o fyw. Methwn yn aml weld bod y rhannau yn llifo i'w gilydd yn naturiol fel na allai'r naill fyw heb y llall.

Penderfynais gasglu, cofnodi a mynegeio straeon rhyddiaith ysgrifenedig a llafar Ardal Eryri. Pwrpas hyn oedd ceisio gweld a yw'r traddodiad adrodd straeon llafar wedi goroesi i chwarter olaf yr ugeinfed ganrif mewn ardal oedd gynt yn nodedig am ei straeon. O ganfod bod y traddodiad yn parhau, gwneuthum arolwg ohono mewn un fro er mwyn canfod ei natur.

Yr hyn a wneuthum oedd ceisio crynhoi straeon ardal sy'n ymddangos yn uned naturiol o ran ei hanes, ei daearyddiaeth a'i straeon. Cynnwys yr ardal gantrefi Arfon ac Arllechwedd a chwmwd Nant Conwy yn gyfan, ynghyd â rhan o gantref Llŷn a chwmwd Eifionydd. Ceir hefyd gyfeiriadau at leoedd ym Meirion a Dinbych lle mae hynny'n berthnasol.

Pe gofynnid i berson lleol ddiffinio Ardal Eryri tybiaf mai'r ateb fyddai y rhes mynyddoedd o Benmaenmawr draw am y Carneddau, y Glyderau, yr Wyddfa, mynyddoedd Nantlle ac ymlaen am yr Eifl a'r môr.

Penderfynais gymryd afon Conwy yn ffin ddwyreiniol yr Ardal. Yn yr hen amser dyma'r ffin naturiol rhwng Gwynedd uwch Conwy (neu Wynedd) a Gwynedd is Conwy (neu'r Berfeddwlad). Edward I a gydiodd ddarnau o'r Berfeddwlad wrth ei Sir Gaernarfon newydd. Ni chynhwysais y Creuddyn na Maenan yn yr ardal oherwydd hyn: ni buont yn rhan naturiol o sir Gaernarfon erioed. Aiff y ffin ar hyd Dyffryn Conwy, gan ddilyn yr afon mwy neu lai. Cynhwysais ambell chwedl o 'dros y ffin', megis chwedl dyfodiad Ffraid Santes i Lansanffraid Glan

Conwy, oherwydd ei chysylltiad agos ag ardal Conwy. Aiff y ffin ymlaen drwy Ddolgarrog a Threfriw at Bont Fawr Llanrwst: cynhwysir Llanrwst oherwydd cyfeiriad at Eglwys yr Iawn yn chwedl Idwal a Dunawd. Yna ymlaen o Lanrwst i Fetws-y-coed a dilyn gyda ffin yr hen Sir Gaernarfon, gan gynnwys Cwm Penmachno a Dyffryn Lledr. O Ddolwyddelan aiff y ffin ar draws y mynyddoedd, heibio godre'r 'Sgafell Wen a'r Cnicht ac i Gwm Croesor. O ran ei chwedloniaeth perthyn Cwm Croesor i Ardal Eryri yn hytrach nag i Ardudwy, gan ffurfio uned â Beddgelert. Mae iddo hefyd gysylltiad â Nant y Betws a Chaernarfon yn ôl chwedl Castell Cidwm. Yna ymlaen at Bont Croesor a Thremadog cyn esgyn am Benmorfa – er y ceir cyfeiriad at Forfa Bychan yn chwedl yr Ogof Ddu, sy'n rhoi eglurhad onomastig ar leoedd yn ardal Dolbenmaen a Moel Hebog. Dilyn y ffin y briffordd hyd Lan Dwyfach cyn croesi ar draws gwlad gyda godre Mynydd Cennin draw heibio Moel Bronmïod am Lanaelhaearn, Tre'r Ceiri a'r môr. Oddi yma dilynir yr arfordir draw am Bontllyfni, Morfa Dinlle, Caernarfon, Bangor, Abergwyngregyn ac yn ôl i Gonwy.

Rhennais yr ardal yn wahanol froydd, heb gadw'n or-gaeth at ffiniau plwyf na sir, ond yn hytrach ddilyn arwynebedd y tir a chylch y straeon. Ceir dwy fro ar bymtheg, sef:

1. Aber
2. Bangor
3. Beddgelert
4. Betws-y-coed
5. Caernarfon
6. Clynnog
7. Dinas Dinlle
8. Dolbenmaen
9. Dolwyddelan
10. Dyffryn Conwy
11. Llanaelhaearn
12. Llanberis
13. Llanddeiniolen
14. Nant Ffrancon
15. Nantlle
16. Nant y Betws
17. Penmachno

Petawn wedi nodi'r straeon yn ôl eu plwyf golygai hynny restru pymtheg ar hugain o blwyfi cyfan ynghyd â darnau o bedwar plwyf arall o leiaf.

Mae ffiniau rhai o'r broydd yn ddigon eglur, megis y nentydd: Nantlle, Nant y Betws, Nant Ffrancon a Dyffryn Conwy. Ffurfiant unedau naturiol, er bod eu genau yn aml yn ddigon aneglur eu ffin. Mae eraill o'r broydd yn anodd iawn eu diffinio, megis Dinas Dinlle a Chaernarfon, a phennir eu ffiniau yn amlach na pheidio yn ôl y straeon. Ni ellir nodi ffiniau pendant ar fap, dim ond nodi fod ambell stori yn perthyn i gylch straeon bro arbennig yn hytrach nag i gylch bro arall. Er enghraifft, dyna chwedl 'Cilmyn Droed-ddu a Thrysor y Seler Ddu'. Nodais hi gyda straeon Bro Dinlle, er efallai y byddai rhywun arall yn cyplysu Glynllifon â Dyffryn Nantlle a'r Seler Ddu â Chlynnog.

Prif bwrpas nodi broydd y straeon yw rhoi rhyw syniad o gyfoeth neu dlodi bro arbennig mewn gwahanol fathau o straeon neu fersiynau arnynt. Fel hyn gellir gweld bod cyfoeth y chwedlau am y tylwyth teg wedi crynhoi yn ardal Nant y Betws, Beddgelert, Dolbenmaen a Nantlle, neu fod prinder chwedlau am wrachod yn Nyffryn Conwy a'r cylch, ac yn y blaen. Gellir felly rannu'r adrannau, megis 'Cymeriadau Hynod' neu 'Anifeiliaid Chwedlonol', o dan benawdau broydd.

Nid yw'r straeon hyn ond casgliad cyfleus o un rhan arbennig o Gymru; cyfraniad ydynt at gasgliad ac astudiaeth gyflawn o straeon gwerin Cymru gyfan. Dylid eu hystyried yn rhan o ddiwylliant crwn; un agwedd ydynt ar ffordd gyflawn o fyw.

2. Termau'r Stori Werin

Er bod straeon gwerin wedi cael eu hastudio a'u dadansoddi er cyfnod y Brodyr Grimm, nid ydym fawr nes i'r lan o ran diffinio'n derfynol beth yn union ydynt. Yn hytrach mae gan bawb ei ddiffiniad ei hun. Fodd bynnag, mae pawb yn gwybod yn reddfol beth ydyw llên gwerin.

Mae'n amlwg nad corff unedig mo'r traddodiad llafar, ond yn hytrach brodwaith o wahanol elfennau. Ceisiodd ysgolheigion ddiffinio gwahanol elfennau traddodiad llafar yn ôl nodweddion defnydd, ystyr, thema ac adeiladwaith. Hyd yn hyn ni ddiffiniwyd yr un elfen yn derfynol.

Mae bai mawr yn perthyn i fwyafrif y diffiniadau. Seiliwyd hwy ar gategorïau trefnus yr ysgolhaig yn hytrach nag ar ddosbarthiadau naturiol y werin bobl. Dylid ystyried yn gyson a ydyw'r teipiau y sonnir amdanynt yn bod mewn gwirionedd. Yn aml nid ydynt ond yn gyfundrefnau dysgedig, adeiladweithiau a ddyfeisiwyd, neu deipiau delfrydol. Mae perygl dadansoddi'r deunydd yn rhy fanwl yn gategorïau trefnus, yn ôl eu cychwyniad, ffurf, cynnwys ac ati. Eto, er y gall dadansoddiad manwl fel hyn fod yn werthfawr, dylid sylweddoli nad yw'r gwŷr a'r gwragedd sy'n adrodd y straeon yn gwybod am y categorïau nac yn malio dim amdanynt.

Y Stori Werin

Mae diwylliant gwerin yn eang iawn ei gwmpas ac yn amrywio o straeon gwerin at godi cloddiau. Bu Americanwyr megis William Basoom yn chwilio am seiliau a wahaniaethai rhwng y gelfyddyd lafar, yn straeon, diarhebion a phosau, a gweddill y traddodiad, megis arferion, credoau a seremonïau. Ond ni ellir eu gwahanu. Rhannau ydynt o un corff. Mae cysylltiad agos rhwng straeon ac arferion, chwaraeon, caneuon, a hyd yn oed grefftau gwerin. Ni ellir llawn ddeall y naill heb ystyried y llall.

Mae llên gwerin, ac yn arbennig y stori werin, yn llawn syniadau ofergoelus. Mae felly'n amhosibl deall y straeon heb wybod am nodweddion ac ystyr y coelion. Yn yr un modd, ni ellir astudio credoau ac arferion gwerin heb ystyried tystiolaeth y straeon. Mae'r diwylliant hwn yn hen dreftadaeth, a gall gyfleu coelion yn cael eu gweithredu mewn ffurf hŷn a mwy gwreiddiol. Felly, er fy mod yn canolbwyntio ar gasglu straeon gwerin, yn aml iawn casglwn dystiolaeth arall berthnasol.

Mae corff sylweddol o straeon gwerin yn fwy na mynegiant llenyddol y bobl. O'i drefnu'n gywir gall roi darlun treiddgar o'n ffordd o fyw. Mae cofnodi straeon gwerin yn nodi llif a chyfeiriad diwylliant ac yn sicrhau nad yw manylion pwysig yn cael eu hanghofio. Dengys i'r astudiwr yr hyn sy'n bwysig ym mywyd beunyddiol y bobl. Heb roi sylw teilwng i ddiwylliant gwerin unrhyw gymdeithas, mae'n amlwg y bydd astudiaeth ethnograffaidd yn anghyflawn. Gan fod diwylliant gwerin yn cyfiawnhau a chadarnhau sefydliadau crefyddol, cymdeithas a gwleidyddol, ac yn bwysig fel dyfais addysgiadol, ni ellir cael dadansoddiad manwl o'r rhannau eraill hyn heb roi sylw teilwng i'r diwylliant gwerin.

Yn ôl yr Athro F. L. Utley, 'llên gwerin yw llên a drosglwyddir ar lafar, lle bynnag y canfyddir ef, boed ymhlith anwariaid pellennig neu ddiwylliannau gwareiddiedig yr ymylon, cymdeithasau gwledig neu drefol, grwpiau mwyafrifol neu leiafrifol.'[1] Oherwydd hyn, mae'n eithriadol bwysig profi tu hwnt i bob amheuaeth fod y deunydd o dan sylw yn rhan, neu wedi bod yn rhan, o'r traddodiad llafar. Dyma pam y mae bywgraffiadau byr o'r hysbyswyr mor bwysig. Fel hyn, gellir nodi cefndir llafar y deunydd. Os yw'r stori wedi ei chofnodi cynt, dylid nodi ymhle er mwyn hyrwyddo cymhariaeth ac olrhain datblygiad. Gall stori mewn print neu lawysgrif fod yn gwbl ddilys am ei bod wedi bod yn rhan o'r traddodiad llafar ar un adeg. Fodd bynnag, os nad yw bywgraffiad y storïwr a chefndir y stori ar gael, ni ellir ei derbyn yn llwyr, a rhaid ei chynnwys ymhlith y fersiynau amheus neu lenyddol. Yn y testun hwn, gofelir nodi ffynhonnell pob stori, boed lafar neu sgrifenedig, ynghyd ag amrywiadau ac enghreifftiau eraill ar yr un stori. Ni ddylid anwybyddu deunydd llafar a gofnodwyd yn y gorffennol ond dylid ei drin yn ofalus.

Cyn gynted ag y mae cymaint ag sy'n bosib o'r testun wedi ei hel ynghyd, rhaid ei ddosbarthu'n feirniadol. Rhaid gwahanu'r fersiynau ymwybodol lenyddol oddi wrth y testun llafar. Wrth gwrs, mae'r fersiynau llenyddol hyn yn aml yn werthfawr iawn ar gyfer astudio datblygiad straeon ac am eu bod yn gymorth i roi darlun cyflawn o'r traddodiad. Yn bwysicach na dim, dylid cynnwys amrywiadau llafar dilys ar y themâu a ddewiswyd.

Os yw defnyddio'r ymadrodd 'straeon gwerin' i gynnwys fersiynau sgrifenedig, llenyddol yn ymddangos braidd yn eang, gellir ei gyfiawnhau yn ymarferol, gan ei bod yn aml yn anodd gwahaniaethu rhwng y straeon llafar a'r rhai sgrifenedig. Yn wir, mae eu cydberthynas yn aml mor glos nes creu un o'r problemau mwyaf sy'n wynebu'r ysgolhaig llên gwerin. Mae'n amlwg nad oedd yn rhaid i stori lafar fod yn llafar trwy gydol ei hoes. Gall ei chychwyn fod yn llenyddol. Ond unwaith y daw unrhyw stori yn rhan o'r traddodiad llafar â drwy'r un broses ag unrhyw stori lafar arall. Daw'n rhywbeth i'w hadrodd wrth bobl eraill, ac nid yn rhywbeth i'w darllen yn ddistaw. Nid yw ei heffaith bellach yn dibynnu ar gydberthynas geiriau wedi ei sgrifennu ar dudalen, ond yn hytrach ar stumiau wyneb, symudiadau llaw, ail-adrodd, a mynych ddefnydd o ddulliau cyflwyno y mae cenedlaethau wedi eu profi a'u cael yn effeithiol.

Mae'n hysbys bod fersiwn sgrifenedig yn gallu dychwelyd i'r cylch llafar. Yn wir, gall fersiwn sgrifenedig weithiau fod yn ddylanwad llawer cryfach ar y trosglwyddiad llafar na'r fersiwn llafar gwreiddiol. Mae chwedlau a gofnodwyd o enau storïwyr anllythrennog wedi mynd yn rhan o'r casgliadau llenyddol mawr. Fel arall wedyn, mae straeon Aesop, anecdodau Homer, chwedlau am y Saint, a Straeon Grimm wedi dod yn rhan o'r traddodiad llafar. Yn aml iawn, cofnodir stori werin mewn gwaith llenyddol, cludir hi ar draws cyfandiroedd a chanrifoedd, ac yna ailadroddir hi wrth storïwr diarffordd sy'n ei hychwanegu at ei gasgliad. Rhai mai hyn a ddigwyddodd i stori 'Rhys Grythor a'r Cawr' a adroddwyd gan William T. Roberts, Llanfairfechan.[2] Dyma un o ddigwyddiadau stori 'Jac y Cawr-Laddwr' wedi dychwelyd i'r traddodiad llafar, ar ôl bod mewn print am ugeiniau o flynyddoedd.

Hyd yn ddiweddar 'chwedlau' oedd yr ymadrodd a ddefnyddid yn gyffredinol yng Nghymru am 'straeon gwerin'. Erbyn hyn, fodd bynnag, tueddir i neilltuo'r term 'chwedl' am yr hyn a eilw'r Saeson yn *legend*. Mae semanteg y gair 'chwedl' yn awgrymu fod elfennau rhyfeddol neu oruwchnaturiol yn rhan ohoni. Gellid defnyddio'r gair i gyfeirio at straeon hud neu chwedlau am y goruwchnaturiol, ond nid at straeon digri. Mae'r ymadrodd 'straeon gwerin' yn fwy cynhwysfawr ac yn cyfateb yn well i *folk narrative*. Mae hefyd yn ymadrodd sy'n gyfarwydd eisoes.

Ceir llawer o sôn am ddiwylliant gwerin, canu gwerin, straeon gwerin, a hyd yn oed arlunio gwerin. Ond pwy oedd a phwy yw 'y werin'? Ni ellir cymryd yn ganiataol mai dim ond mewn cymdeithas wledig, dlodaidd y ceir gwerin, onidê byddai pobl faterol-gefnog y dinasoedd cyfoes heb ddiwylliant gwerin. Mae hyn, wrth gwrs, yn anghywir. Mae gan y gymdeithas ddiwydiannol, drefol ei diwylliant gwerin, yn yr un modd â chymdeithas cefn gwlad Llŷn ac Eifionydd. Camgymeriad hefyd yw tybio mai cynnyrch gwerin ddiflanedig y gorffennol yw llên gwerin. Mae'r 'werin' yn gallu golygu llawer peth i lawer o bobl. Mae'r un peth yn wir am *folk* yn Saesneg. Oherwydd hyn, diffinia Stith Thompson y stori werin fel pob ffurf ar stori ryddiaith, sgrifenedig neu lafar, a drosglwyddwyd dros y blynyddoedd.

Ymddangosodd y gair 'gwerin' gyntaf yng nghyd-destun astudio llên gwerin mewn cyfansoddeiriau megis *Volkalied* a *Volksglaube* yn yr Almaen ar ddiwedd y ddeunawfed ganrif. Yna ymddangosodd 'folklore' Thoms yn *The Athanaeum*, 1846. Arweiniodd hyn at ymadroddion Cymraeg megis 'Llên y Werin' yn *Y Brython*, 1850-64. Tueddai'r gair i olygu dosbarth isaf cymdeithas. I Thoms golygai'r ymadrodd y rhan honno o gymdeithas a gadwai'r hen ffordd o fyw a hen arferion – hynny yw, pobl syml cefn gwlad. Dyma'r rheswm pam y diffiniwyd llên gwerin fel 'astudiaethau goroesi' gan Andrew Lang yn *Custom and Myth* (Llundain, 1885) yn ddiweddarach.

Erbyn hyn mae dwy ystyr bendant i 'gwerin' yng Nghymru. Mae'r ystyr gyntaf yn gyfyngedig ac yn cael ei defnyddio am ran o'r gymdeithas yn unig – rhan nad ydyw'n cynnwys y dosbarth uchaf. Y bobl gyffredin ydyw. Fodd bynnag, ni ellir cymryd fod gwerin yn golygu cymdeithas wledig dlodaidd.

Ail ystyr 'gwerin' yw 'pobl', 'poblogaeth', 'llu', 'democratiaeth'. Yma mae i'r gair ystyr hollgynhwysfawr, a chynnwys bob dosbarth yn y gymdeithas. Dyma werin y Diwylliant Gwerin a'r Amgueddfa Werin, sef y boblogaeth oll. Yn Sain Ffagan ceir castell yr uchelwr yn ogystal â bwthyn y chwarelwr. Dyma farn Dr Iorwerth Peate yntau:

> Cyn chwilio ymhellach i ystyr y gair . . . (diwylliant) rhaid troi'n ôl . . . a gofyn beth yw 'gwerin'? 'Y werin a'r miloedd' ebe J. R. o Lanbryn Mair gynt, ond tipyn o ailadrodd y bedwaredd ganrif ar bymtheg oedd hynny, canys yn yr ymadrodd 'diwylliant gwerin' y werin yw'r miloedd, yr 'alle maner of men' chwedl Langland. Diwylliant cyfan y bobl oll, y gymdeithas neu'r genedl gyfan, yw Diwylliant Gwerin yn hytrach nag agwedd arbennig ar ddiwylliant rhai Cymry neu Saeson. Ffordd yr holl Gymry o fyw – dyna'n fyr ystyr diwylliant gwerin i ni.[3]

Eto erys problem diffinio 'straeon gwerin'. I Dundes mae'r gair 'gwerin' yn cyfeirio at unrhyw gymdeithas o bobl sy'n cael eu cysylltu gan o leiaf un ffactor cyffredin, boed waith, iaith neu grefydd. Yr hyn sy'n bwysig yw bod y gymdeithas yn gallu adnabod rhai traddodiadau fel ei heiddo ei hun. Gall maint y gymdeithas amrywio o deulu gyda'i draddodiadau arbennig at weithwyr neilltuol neu genedl gyfan. Mae i bob cymdeithas neu ddosbarth eu diwylliant gwerin.[4] Ni wyddys am unrhyw ddiwylliant nad ydyw'n cynnwys llên gwerin. Y werin, felly, yw'r rheini y cesglir llên gwerin ganddynt.

Un o brif nodweddion y stori werin yw ei bod yn draddodiadol. Trosglwyddwyd hi o un person i'r llall ac nid yw gwreiddioldeb yn rhagoriaeth ynddi. Clywir y stori ac ailadroddir hir fel y cofir hi.

Weithiau gall y traddodiad fod yn un llenyddol a'r stori'n cael ei hadrodd gan y naill gofnodwr ar ôl y llall. Ymddangosodd llawer o'r straeon sy'n cylchredeg ymhlith pobloedd Ewrop am y tro cyntaf mewn sgrifen fel 'esiamplau' ar gyfer offeiriaid yr Oesoedd Canol. Ailadroddwyd y casgliadau hyn ar hyd y canrifoedd a gallant fod wedi dychwelyd i'r traddodiad llafar. Daethant yn draddodiadol ac y mae gan astudiwr y stori werin ddiddordeb ynddynt. Ni fyddai pob ysgolhaig yn cytuno â galw'r straeon llenyddol hyn yn straeon gwerin, ond tuedd y mwyafrif yw eu derbyn.

Diffinir y stori werin fel stori ddramatig a adroddir gan unrhyw aelod o'r gymdeithas, mewn rhyddiaith neu farddoniaeth, yn llafar neu sgrifenedig, a'r stori honno'n draddodiadol.

Mae nifer o wahanol ddulliau o ddosbarthu'r traddodiad storïol. Y dull pwysicaf, a'r maen prawf a defnyddiwyd ar gyfer dosbarthu testun y traethawd hwn yw'r dadansoddiad gweithrediadol. Gyda'r dull hwn, dosbarthir y deunydd sydd gerbron yn ôl cred neu anghred y storïwr a'i gynulleidfa yn ei wirionedd. Oherwydd hyn mae categorïau unrhyw draddodiad llafar yn unigryw. Gall gwirionedd un diwylliant fod yn gelwydd i un arall. Oherwydd hyn rhaid i bob cenedl lunio ei chyfundrefn dosbarthu ei hun, ar gyfer ei thraddodiad storïol ei hun. Defnyddiwn brofion ychwanegol wrth ystyried i ba ddosbarth y perthyn straeon unigol, megis cynnwys, ffurf, arddull, adeiladwaith, swyddogaeth, amlder, oed, cychwyniad a chynheiliaid y traddodiad.

O weithredu'r prawf cred neu anghred, ceir dau ddosbarth pendant ymhlith straeon gwerin Ardal Eryri. Ceir corff o straeon yr amheuir eu gwirionedd a chorff o chwedlau y credir ynddynt. Y ddau ddosbarth yma, wedi eu his-ddosbarthu, yw prif raniadau fy nosbarthiad. Yn ôl Katharine Briggs, 'mae'r prif wahaniaeth rhwng Straeon a Chwedlau yn ddigon eglur: Nofelau Gwerin yw'r Straeon, yn cael eu hadrodd er mwyn addysgu, pleser, neu ddifyrrwch, tra credid fod y Chwedlau yn wir ar un adeg.'[5] Ffug yw'r stori'n bendant, tra cais y chwedl fod yn hanes neu'n ffaith. Mae'r sawl sy'n adrodd stori yn ei llunio a'i hadrodd heb unrhyw bwyso ar eirwiredd na'i derbyn fel gwirionedd.

Mae nifer o ffactorau o blaid rhannu'r deunydd yn straeon a chwedlau. Mae'n syml iawn. Mae'n seiliedig ar brawf a gydnabyddir ac a ddefnyddir ledled y byd. Mae hefyd yn dychwelyd at brif raniadau'r stori werin fel yr awgrymwyd hwy gan y Brodyr Grimm, ond a ddiystyrwyd gan ysgolheigion diweddarach.

A. Y Stori

Dyma ddosbarth o straeon gwerin a dderbynnir yn yr un modd â'r nofel. Ni chyfrifir hwy'n ddogma nac yn hanes. Gallant fod wedi digwydd neu beidio, ac nid ydynt i'w cymryd o ddifrif gan y storïwr na'i gynulleidfa. Eto, er y dywedir yn aml mai er diddanwch yn unig yr adroddir hwy, mae iddynt swyddogaethau pwysig, fel yr awgryma'r straeon moesol sydd ar gael.

O dderbyn rhannu'r testun yn straeon a chwedlau mae dosbarthu pellach yn bosib ac angenrheidiol.

Y cyntaf i ddosbarthu'r stori werin gydag unrhyw lwyddiant oedd Antti Aarne yn ei *Verzeichnis der Marchentypen* (F.F.C., Rhif 3), a gyfieithwyd (gydag ychwanegiadau) gan Stith Thompson yn *The Types of the Folktale. A Classification and Bibliography* (F.F.C., Rhif 184, Helsinci, 1961). Dyma sail pob dosbarthiad diweddarach. Cedwais at gyfundrefn Aarne-Thompson gan ddosbarthu ymhellach lle'r oedd hynny yn gwbl angenrheidiol.

1. **Straeon am Anifeiliaid** (A-T 1-299)

Mae mwyafrif cenhedloedd y byd yn adrodd straeon byr am anifeiliaid. Dyma un o ffurfiau hynaf y stori werin ac y mae i'w chael ar bob lefel gymdeithasol. Mae'r rhan fwyaf o'r straeon hyn yn perthyn i'r traddodiad sgrifenedig bellach. Ffynonellau cyffredin i straeon o'r fath yng ngwledydd y gorllewin oedd *Jätáka* India ac ychwanegiadau'r Oesoedd Canol a'r Dadeni Dysg at gasgliadau megis 'Chwedlau Aesop', a'r cylch straeon am Reynard. Ffynhonnell werthfawr arall oedd traddodiad llafar gogledd Ewrop, yn arbennig ardal y Baltig a Rwsia.

Ar ei symlaf, cais i egluro ffurf ac arferion nifer o anifeiliaid yw'r stori am anifeiliaid. Yn y rhan fwyaf ohonynt mae gan yr anifeiliaid gyneddfau dynol. Roedd y straeon hyn yn ffynhonnell werthfawr i'r storïwr cyntefig ac adleisir mytholeg nifer o bobloedd ynddynt.

a. Straeon Moesol am Anifeiliaid

Ceir nifer o straeon am anifeiliaid ac iddynt ystyr a gwerth moesol. Mae'r mwyafrif yn perthyn i'r traddodiad llenyddol, er i lawer fynd yn rhan o'r traddodiad llafar. O'r herwydd, mae'r ffin rhwng y fersiynau llafar a llenyddol yn aml yn anodd ei diffinio.

Yn nosbarthiad Aarne-Thompson rhoddwyd y straeon am anifeiliaid i gyd ynghyd mewn un adran, gan eu dosbarthu yn ôl yr anifeiliaid a ymddengys ynddynt. Dewisais roi'r straeon moesol am anifeiliaid ar ddull Aesop ynghyd gan eu bod yn rhan o ddosbarth sy'n gyffredin iawn ledled y byd. Fodd bynnag, maent yn brin iawn yn Eryri.

Anifeiliaid yn siarad a gweithredu fel dynion yw prif gymeriadau'r straeon hyn. Gan amlaf cadwant eu nodweddion anifeiliaid er mwyn dysgu moeswers. O'r herwydd mae i'r straeon hyn ddwy ran, sef y stori sy'n enghreifftio'r foeswers, a mynegiant o'r foeswers sy'n aml yn cael ei ychwanegu ar ffurf dihareb. Defnyddia'r straeon hyn anifeiliaid, nid i egluro eu nodweddion na'u gweithredoedd, ond i bwysleisio gwers foesol i ddynion.

Daw mwyafrif y straeon moesol hynaf o India a Groeg. Cysylltir y casgliadau hynaf sy'n bod heddiw ag Aesop, caethwas o Ionia a flodeuai tua 600 CC. Tybir i'w straeon gael eu hadrodd ar lafar nes eu cofnodi gyntaf tua 400 OC. O'r cyfnod hwnnw ymlaen gwnaed sawl casgliad gan ychwanegu straeon newydd o'r Dwyrain Pell. Casgliadau hynaf y Dwyrain Pell yw'r *Panchatantra* a ddaeth yn rhan o'r traddodiad pregethwrol-enghreifftiol yn Ewrop.

2. **Straeon Hud** (A-T 300-749)

Y cyntaf i geisio diffinio'r stori hud oedd Jacob Grimm, a nododd ei bod yn ffurf farddonol o'i chymharu â'r chwedl, sydd yn fwy hanesyddol. Nododd hefyd fod y stori hud yn cael ei chadw yn ei pherffeithrwydd a'i lliw brodorol fwy neu lai, tra'r oedd yn rhaid i'r chwedl ei chlymu ei hun wrth rywbeth hysbys, boed enw neu le.

Datblygiadau ar ddiffiniad gwreiddiol Grimm yw'r holl ddiffiniadau diweddarach o'r stori hud, sef stori ag iddi rediad, gan amlaf o hyd arbennig, mewn rhyddiaith neu farddoniaeth, yn ddifrifol ar y cyfan, er na waherddir hiwmor, yn canolbwyntio ar un arwr neu arwres, gan amlaf yn dlawd neu ddigartref ar y dechrau, ond sydd, ar ôl cyfres o anturiaethau lle mae'r elfen oruwchnaturiol yn bwysig, yn cyrraedd ei nod ac yn byw yn hapus byth wedyn.

I Von Sydow, *Folk Idterature (Germanic)*, prif nodwedd y straeon hud yw bod eu digwyddiadau yn cael eu trosglwyddo i fyd afreal y dychymyg. Sôn y straeon am frenhinoedd, tywysogion a thywysogesau, cewri a dreigiau, tasgau amhosib yn cael eu cyflawni gan yr arwyr, traws ffurfiadau, cynorthwywyr goruwchnaturiol a thalismanau rhyfeddol – pethau na chanfu'r storïwr yn ei fywyd bob dydd. A hithau wedi ei hadeiladu ar lefel hollol ddychmygol, ni pherthyn i'r stori hud amser, pobl na lleoedd pendant.

Mae'r stori hud yn llawn ymadroddion cyfarwydd a motifau traddodiadol sy'n cael eu defnyddio mewn sawl stori, ac sy'n dod yn rhan o gynhysgaeth gyffredin y storïwr. Mae'r rhan fwyaf ohonynt yn hen iawn ac wedi crwydro'n rhwydd o wlad i wlad ac o gyfandir i gyfandir ar hyd y canrifoedd. Mae'r ychydig straeon hud a erys yn Ardal Eryri, wedi eu talfyrru a'u darnio ar eu taith hir i lawr y canrifoedd, fel mai prin y gellir eu cymharu â straeon hud gwledydd fel Iwerddon.

3. **Straeon Rhamant** (A-T 850-999)

Yn wahanol i'r straeon hud, seiliwyd y straeon rhamant mewn byd real, gyda'r cymeriadau yn symud mewn amser a lle pendant. Ceir rhyfeddodau yn y straeon hyn hwythau ond maent yn gredadwy. Mae gwahaniaeth yn eu hawyrgylch o'u cymharu â'r straeon hud, sy'n cyfiawnhau dosbarth ar wahân iddynt. Gellid galw'r stori ramant yn 'stori hud naturyddol'. Mae'r arwr yn ennill y dywysoges yn wraig yma hefyd, ond heb gymorth gŵydd aur. Geirwiredd a charedigrwydd sy'n ennill hapusrwydd i'r arwres a gamdrinir, ac nid tylwythes deg o fam-fedydd.

Daw llawer, ond nid y cwbl, o'r straeon rhamant sydd ar gael bellach o ffynonellau llenyddol. Gwelir hyn gyda'r ychydig sydd ar gael o hyd yn Ardal Eryri. Cofnodwyd llawer ohonynt yn gynnar ac felly amharwyd arnynt i fwy graddau nag ar y straeon hud, ond mae eu cynsail yn draddodiadol.

4. **Straeon Digri** (A-T 1200-1999)

Er na chawsant fawr o sylw hyd yn gymharol ddiweddar gan gofnodwyr y stori werin, ffurfia'r straeon digri gorff mawr o draddodiad a drosglwyddir er diddanwch yn bennaf. Mae'n amhosib gwneud casgliad agos at gyflawn o'r straeon hyn. Y gorau a ellir ei wneud yw rhoi detholiad cynrychioliadol o'r cyfan, gan fod ynddynt gryn amrywiaeth. Ymddangosant yn debyg i'w gilydd ar gip, ond gellir ffurfio nifer o is-ddosbarthiadau:

a. Straeon Digri Cyffredinol

Dyma straeon a fu unwaith yn rhan o ddigrifwch llawer cenedl. Mae llawer o'r straeon hyn yn hen a rhai yn hen iawn. Ceir eraill yn cael eu creu yn lleol ac yn cael eu hadrodd mewn nosweithiau llawen, ochr yn ochr â'r hen ffefrynnau, nes mynd yn rhan o'r deunydd traddodiadol. Straeon byrion yw'r rhan fwyaf ohonynt, ac erbyn hyn eithriad yw clywed adrodd straeon cymharol hir fel 'Y Brenin a'r Abad' (A-T 922), a adroddir fel stori ddigri yn hytrach nag fel stori ramant.

Mae'r sefyllfaoedd a ddarlunir yn y straeon digri hyn yn ddirifedi, ond gan amlaf ceir sefyllfa ddigon cyffredin a chredadwy er mwyn rhoi rhywfaint o sylwedd i ddylni'r digwyddiadau. Cymeriad cyson ynddynt yw'r ffŵl a cheir nifer o straeon am ffyliaid y mae eu gweithredoedd mor wirion nes ymylu ar y gwallgof. Ffefrynnau ymhlith cymeriadau'r math yma o stori yw trigolion ardaloedd arbennig, athrawon anghofus prifysgolion a gwladwyr syml.

Fel arfer nid oes yma foeswers ac anaml y maent yn ddychanol na brwnt. Mae'r hiwmor yn iach, gan ddibynnu ar arliwio sefyllfa weddol gredadwy a chymeriad(au) canolog.

b. Straeon Digri am Gymeriadau Lleol

Sôn y mae'r rhain am gymeriadau lleol sy'n hysbys i'r adroddwr ac i'w gynulleidfa. Ymddengys y gellir eu hailadrodd yn ddigon aml i feithrin arddull y gelfyddyd lafar a cheir llawer o'r straeon hyn yn cael eu hadrodd am gymeriadau y tu allan i'r ardal. Tadogir hwy ar fwy nag un person, mewn gwahanol ardaloedd. Enghreifftiau o straeon o'r fath yw atgofion am ddywediadau ffraeth cymeriadau lleol, tarddiad llysenwau a beddargraffiadau. Gan amlaf, straeon byr-byr iawn weithiau – ydynt, i bwrpas diddori. Maent yn aml yn cynnwys elfen o orliwio, ond nid i'r un graddau â'r straeon digri cyffredin.

c. Straeon Celwydd Golau

Straeon digri yw'r rhain eto ond bod y rhan fwyaf ohonynt yn greadigaethau un person y gŵyr pawb yn yr ardal am y gallu rhyfeddol sydd ganddo i adrodd celwyddau anhygoel. Brolia'r adroddwr gwreiddiol ei allu i ddal brain a physgod, i ddal cwningod gyda phupur, i dyfu llysiau anferth fel y rwdan honno a fu'n gartref i hwch a thorllwyth o foch bach. Adroddid hefyd am brofiadau mawr, megis gweithio yn un o bopdai mawr America, cludo negeseuon drwy eira Rwsia, neu ddianc o adeilad uchel oedd ar dân.

Gynt roedd i bob ardal fwy neu lai ei 'Deryn Mawr, Robat Jôs neu Siôn Ceryn Bach. Erbyn hyn nid erys yr un o'r cewri hyn, ond mae eu straeon yn fyw o hyd ar gof y bobl a'u clywodd. Cofnodwyd llu o'r celwyddau difyr hyn ledled y byd, ac o wrando arnynt sylwir mor debyg ydynt o ardal i ardal ac o wlad i wlad, ac eto mor wahanol yw pob stori yn ei manylion. Maent yn wahanol oherwydd bod y storïwr yn ei uniaethu ei hun yn llwyr â'i stori. Ef yw'r arwr ymhob un. Ei brofiadau ef ei hun yw'r campau i gyd a'i ddawn storïol sy'n llunio un saga fawr o'r celwyddau oll.

ch. Straeon Digri am Lysenwau Trigolion Ardaloedd

Roedd straeon o'r math yma yn boblogaidd iawn ar un adeg ledled Ewrop. Eglurent, yn ddigri gan amlaf, lysenwau a nodweddion trigolion gwahanol ardaloedd. Erbyn hyn yn aml dim ond yr enw yn unig sy'n aros; mae'r stori wedi diflannu.

5. Straeon ar Ffurf Arbennig (A-T 2000-2399)

Dyma straeon sy'n dilyn patrwm traddodiadol arbennig, lle mae'r patrwm yn bwysicach na'r plot. Mae straeon cynyddol (A-T 2000-2199), straeon dal (A-T 2000-2249), straeon heb eu gorffen (A-T 2250-2299), straeon diderfyn (A-T 2300-2319) a straeon cylch (A-T 2320) i gyd yn straeon ar ffurf arbennig. Mae rhai o'n caneuon gwerin megis 'Cyfri'r Geifr' a hefyd rai chwaraeon yn perthyn yn agos i'r straeon hyn. Mae ambell rigwm a chwlwm tafod hefyd yn perthyn yn agos iddynt.

B. Y Chwedl

Am ganrif a mwy y stori, yn arbennig felly y stori hud gymhleth, fu prif bwnc trafodaeth ymhlith ysgolheigion y stori werin. I fwyafrif casglwyr straeon gwerin Lloegr yn y bedwaredd ganrif ar bymtheg, ychydig oedd apêl y chwedl. Gwelent y chwedl fel stori fer ddi-ffurf, heb iddi werth esthetaidd y straeon. Mae'n nodweddiadol o'r agwedd yma na chyfieithwyd *Deutsche Sagen* y Brodyr Grimm i'r Saesneg er i'w *Kinder- und Hausmärchen* ennill poblogrwydd rhyngwladol. Yn America wedyn ni chyhoeddwyd yr un casgliad o chwedlau llafar tan 1968. Fodd bynnag, yn sgil dinistrio'r hen drefn gymdeithasol gan dwf diwydiant, cyfryngau torfol a phoblogaeth grwydrol, trodd ysgolheigion at astudio ffurfiau eraill ar y stori werin. Troesant at y chwedl.

1. Chwedlau am y Goruwchnaturiol

Gan y credir, neu y credid ar un adeg, yng ngeirwiredd y chwedl, o'i chymharu â'r stori, man cychwyn y mwyafrif o chwedlau yw coel werin.

Gellir diffinio coel werin fel cred mewn grymusterau mewnol a chuddiedig sy'n dylanwadu ar fywyd y crediniwr, ynghyd â'r profiadau allanol y mae'n eu cael sy'n ei yrru i chwilio am achosion cudd.

Ni wyddys sawl coel werin sy'n aros mewn unrhyw wlad, gan fod amrywiadau yn hawdd eu dyfeisio ar sail hen ffurfiau drwy broses o gyd-feddwl. Yr awyrgylch creadigol hwn sy'n egluro sut y mae'r deunydd yn symud yn rhwydd o un wlad i'r llall, gan gael ei addasu o sefyllfa i sefyllfa.

Y cam nesaf mewn cymdeithas a dderbyniai'r coelion gwerin oedd i rywun gael *Profiad* a wireddai'r goel. Disgrifid profiad goruwchnaturiol a gafodd y storïwr neu rywun agos ato. Dyma ran fwyaf elfennol y traddodiad chwedlonol. Cynrychiola draddodiad empirig, a dyma'r dystiolaeth fwyaf gwerthfawr. Mae pob adroddiad o brofiad yn seicolegol gadarnhaol. Hynny yw, disgrifiant y profiad gyda manylder sy'n cadarnhau'r seicoleg tu cefn i'r goel werin. Dengys y sefyllfa lle gwireddwyd coel werin oruwchnaturiol ac y dechreuodd ddylanwadu ar ymddygiad. Nodwedd amlycaf y Profiad yw'r llu manylion a geir, sydd yn ddiangen yn y chwedl ryngwladol, ond yn brawf pwysig er profi dilysrwydd y Profiad.

Dyfeisiwyd yr ymadrodd Profiad (*Memorat*) gan C.W. von Sydow yn 1934 yn enw ar hanes a adroddid gan unigolyn am brofiad goruwchnaturiol a gafodd. Dywedai von Sydow na ellid galw gwybodaeth a geid gan rywun arall yn Brofiad – dim ond yr hyn a gofnodid yn uniongyrchol o enau'r sawl a gafodd y profiad.[6] Cyfyngai diffiniad von Sydow ar ffiniau defnyddioldeb yr ymadrodd. Oherwydd hyn, mae'r diffiniad cyfoes o Brofiad yn eangach, sef hanes a adroddid gan gyfaill neu berthynas agos i'r sawl a gafodd y Profiad neu o leiaf gan un a adwaenai'r sawl a gafodd y Profiad, ac sy'n cofio'r hyn a ddigwyddodd yn ei fanylder. Cynhwysir yr adroddiad person cyntaf gan y sawl a gafodd y profiad hefyd wrth gwrs.

Y cof hwn yw'r elfen sy'n gyffredin i'r disgrifiadau personol uniongyrchol a'r rhai trydydd person anuniongyrchol. Dyma un rheswm pam y mae'r tystiolaethau hyn mor werthfawr. Drwy holi manwl gellir cofnodi gwybodaeth allweddol am natur y profiad, am ei effaith ar ymddygiad ac agwedd meddwl y person, a hefyd am fanylion ffeithiol.

Gyda threigl y blynyddoedd pyla'r cof am fanylion y profiad a dechreua'r hanes ymdebygu i ugeiniau o chwedlau tebyg sydd eisoes wedi eu cofnodi. Gelwir y deunydd sydd yn y cyflwr hwn yn *Ystrydeb.* Er gwaethaf eu hymddangosiad unigolyddol, gwelir ynddynt y nodweddion cynllun, arddull a chynnwys sy'n perthyn i'r chwedl. Dyfeisiwyd yr ymadrodd *Ystrydeb* gan Pentikainen am fod y deunydd yn dechrau cymryd ffurf ystrydebol, arferol y chwedl, gan gyfnewid manylion y Profiad am elfennau arddull y Chwedl a'i safbwynt lled-amhersonol.[7]

Yn wreiddiol, rhywbeth i'w darllen fel rhan o wasanaeth crefyddol neu yn ystod prydau bwyd oedd y Chwedl. Buchedd sant neu ferthyr ydoedd gan amlaf. Dyma pam y cafwyd yr ymadrodd 'Chwedlau a Thraddodiadau', er mwyn cynnwys y deunydd lleyg hefyd. Yn raddol daethpwyd i ddefnyddio'r enw am ddeunydd storïol, wedi ei seilio ar ffaith honedig, wedi ei gymysgu â deunydd traddodiadol a adroddid am berson, lle neu ddigwyddiad.

Mae diffiniadau o'r Chwedl yn amryfal a lluosog. Gellir diffinio chwedl fel hanes traddodiadol, yn cynnwys un sefyllfa, mewn rhyddiaith storïwr farddoniaeth. Bydd llawer neu'r cwbl o aelodau unrhyw grŵp cymdeithasol wedi clywed y chwedl ac yn gallu ei chofio yn fras neu yn fanwl. Dyma un prawf o Chwedl, sef ei bod yn hysbys i nifer o bobl, yn wahanol i'r Profiad, sy'n hysbys i un neu ddau yn unig. Gall fod yn llafar neu sgrifenedig. Nodwedd amlycaf y chwedl, fodd bynnag, yw y credir neu y credid ynddi gan y storïwr a'i gynulleidfa. Cadarnheid hyn drwy ei lleoli ym myd lleol, gwirioneddol yr adroddwr a'i wrandawyr.

Hybir geirwiredd y chwedl drwy ei chysylltu ym meddwl y gwrandawyr â pherson, lle, digwyddiad neu ffenomenon yr honnir neu y tybir iddynt fod rywbryd yn gynharach. Credir ynddynt am fod rhywbeth ynddynt sy'n ddigon adnabyddus. Seilir hwy ym mywyd beunyddiol y gymdeithas, yn wahanol i'r stori hud a seilir ym myd y dychymyg. Dyma'r rheswm pam bod chwedlau yn tueddu i fod yn amhoblogaidd y tu allan i'r ardal y maent yn hysbys ynddi: maent yn llawn enwau lleoedd, pobl a digwyddiadau lleol. Gall y chwedl fod yn gelwydd noeth yn aml, heb ddim cysylltiad â Phrofiad o gwbl, ond gan ei bod yn llawn o'r elfennau cadarnhaol hyn a hefyd wedi ei seilio ar goel adnabyddus, derbynnir hi fel y gwir. Oherwydd hyn mae'r chwedl bob amser yn rhan o syniad yr adroddwr a'i gynulleidfa am gyfnod hanesyddol, pan oedd pethau fwy neu lai fel y maent yn awr.

Seilir chwedlau yn aml ar goelion gwerin fel y dangoswyd uchod. Yn aml hwy yw'r dystiolaeth sy'n cadw'r goel yn fyw. Nid oes dim yn ddamweiniol yn y profiad personol, ond yn hytrach fframwaith ydyw sy'n ffurfio sylfaen cadarn pan unir ef â'r gred. Gellir defnyddio cred neu anghred y storïwr a'i gynulleidfa yn y deunydd er mwyn ei ddosbarthu. Gall adroddwr y stori hud gredu mewn ysbrydion a thylwyth teg i'r un graddau ag y cred nofelydd cyfoes mewn ceir modur, ond ar sail cefndir a gafwyd ac a dderbyniwyd y crea'r ddau lên storïol. Wrth gwrs, gall y storïwr beidio â chredu mewn dreigiau na charpedi hedfan na dim o offer y straeon hud. Mae ei gred neu anghred yn ddibwys gan ei fod yn adrodd stori sy'n hollol gelwyddog. Mae adroddwr y chwedl ar dir hollol wahanol. Edrydd ef hanesion y disgwyl iddynt gael eu derbyn fel ffaith. Weithiau fe ymddengys y gwahaniaeth yn fympwyol a'r ffin yn anodd ei nodi, ond mae'r brif sefyllfa yn eglur. Aiff y gred yn ffurf storïol bendant, a haedda'r chwedlau hyn a drosglwyddwyd o genhedlaeth i genhedlaeth sylw teilwng.

Tuedd y chwedlau yw bod yn ddyfeisiadau ego-gadarnhaol. Apeliant at yr unigolyn a'r gymdeithas drwy roi iddynt falchder, statws a hunan-barch. Rhoddant iddynt arwyr lleol neu genedlaethol i'w hedmygu neu chwedlau onomastig eu naws sy'n rhoi haen o bwysigrwydd i'r lle mwyaf cyfarwydd a di-nod.

Ni ellir fyth gyfrif y cwbl o chwedlau unrhyw wlad yn derfynol, gan yr ychwanegir atynt yn gyson, gydag un genhedlaeth yn ychwanegu chwedlau newydd, neu o leiaf fersiynau newydd ar hen ffefrynnau. Myn coel werin fyw gael profiadau newydd yn gyson i'w gwireddu, ac yn eu sgil chwedlau newydd. Diflanna'r chwedl lle nad oes profiad yn gwireddu coel.

Nid oes ffurf na hyd cyson i'r chwedl. Yn aml iawn rhaid clymu gwahanol ddarnau sy'n nofio ar wyneb y traddodiad llafar ynghyd i greu chwedl gyflawn. Gall y chwedl amrywio o fersiynau addurnedig cymharol hir at hanesion annibynnol a gysylltir yn llac neu fynegiant syml o ffeithiau neu hyd yn oed ddim ond datganiad syml o ffaith neu goel. Gair von Sydow am ddatganiad ffeithiol byr heb ddim elfen storiol oedd *Ffaith* (Dit).[8]

Gyda chorff mor anferthol o chwedlau, rhaid eu dosbarthu'n ofalus os ydym am eu dadansoddi a'u deall. Gan mai cred yw pennaf maen prawf y chwedl, gellir eu dosbarthu yn ôl y gwahanol goelion yr ymdrinnir â hwy. Dylid cofio, fodd bynnag, nad dyma'r unig brawf y gellid ei ddefnyddio er mwyn dosbarthu'r chwedlau.

Ar sail y gwahanol gredoau yr ymdrinnir â hwy lluniwyd nifer o ddosbarthiadau i gynnwys y deunydd a gofnodwyd yn Ardal Eryri:

a. Y tylwyth teg
b. Cewri
c. Angylion
ch. Y diafol
d. Gwrachod a dewiniaid
dd. Ysbrydion
f. Rhagfynegi marwolaeth
ff. Creaduriaid chwedlonol
g. Y Diwygiad

Mae'n bosib rhannu'r dosbarthiadau hyn ymhellach, wrth gwrs. Er enghraifft, gellid rhannu'r 'Creaduriaid chwedlonol' yn ddreigiau, trychfilod dŵr, cŵn Annwfn, ac ati.

2. Chwedlau lleol

Mae dosbarth pendant o chwedlau ar gael yn Ardal Eryri, fel mewn llawer gwlad, lle nad oes cymaint o bwyslais ar y goruwchnaturiol, chwedlau sy'n cyfateb o fewn y traddodiad llafar i hanes sgrifenedig. Yr hyn sy'n gyffredin i chwedlau'r dosbarth hwn yw bod y ffin rhwng hanes a thraddodiad yn aml yn denau iawn.

Cysylltir y chwedlau hyn â man pendant neu bobl leol enwog. Maent gan amlaf yn fyr, esboniadol ac yn onomastig eu cymeriad. Ailadroddant yr un motifau yn aml, a hynny ledled y byd. Yn y dosbarth hwn mae chwedlau am drysor cudd, neu golledig, dinasoedd aflan a foddwyd, ynysoedd symudol, llynnoedd di-waelod, hanesion am herwyr, a chychwyniad teuluoedd neu arferion teuluol. Mae sail hanesyddol i lawer o'r chwedlau hyn, ond bod ychwanegiadau'r cenedlaethau yn ei gwneud yn amhosib gwahaniaethu rhwng y gwir a'r traddodiadol.

Gellir dosbarthu'r chwedlau hyn, fel yr awgrymwyd uchod, yn ôl y pynciau yr ymdrinnir â hwy. Ceir hefyd ddosbarth ychwanegol, heb fod yn cynnwys unrhyw ddeunydd penodol, ond yn hytrach yn cynnwys 'Amryfal Chwedlau', sy'n gytras â'r straeon na chafodd eu dosbarthu ar ddiwedd mynegai Aarne-Thompson. Ffurfiais is-raniadau ar sail y pynciau yr ymdrinnir â hwy ar gyfer dosbarthu'r deunydd a gasglwyd yn Ardal Eryri:

a. Personau chwedlonol
b. Personau hanesyddol enwog
c. Personau lled-hanesyddol
ch. Y saint
d. Cymeriadau hynod
dd. Brwydrau
e. Trysor cudd
f. Ffynhonnau
ff. Gorlifiad tir
g. Chwedlau onomastig
ng. Amryfal chwedlau

Rhaid cofio fod deunydd chwedlonol i raddau yn annibynnol ar yr iaith y cyflëir ef ynddi. Nid yw'n ffurf artistig fel y stori, ond yn hytrach yn fynegiant o bethau y credid iddynt ddigwydd. Gall fod wedi ei fynegi yn dda, yn gywir ac yn effeithiol, neu'n wasgaredig ac yn ailadroddol, ond rhaid gofyn yn gyson a ydyw yn sôn am rywbeth y credid ynddo yn wirioneddol. Ni all y cwbl o'r chwedlau a gasglwyd ar gyfer y traethawd hwn fynd trwy'r prawf hwn. Gall rhai fod wedi eu camddeall yn y dechrau a'u gor-addurno; gall eraill fod yn ddim ond cynnyrch y dychymyg, tra cofnoda eraill bethau na ellid bod yn dyst iddynt. Ond maent i gyd yn honni eu bod yn sôn am bethau a ddigwyddodd mewn gwirionedd ac maent wedi eu seilio ar gredoau pendant.

Y Teip

Gellir diffinio'r Teip fel stori sy'n gallu bodoli yn annibynnol ar unrhyw stori arall. Gellir ei hadrodd fel stori gyflawn ac nid yw'n dibynnu ar yr un stori arall i'w chwblhau na'i chynnal. Gellir cyfuno dau deip i lunio un stori, ond mae'r ffaith y gall ymddangos ar ei phen ei hun yn tystio i'w hannibyniaeth. Gall gynnwys un motif neu lawer. Teipiau un motif yw'r rhan fwyaf o'r straeon am anifeiliaid, straeon digri ac anecdodau.

Mae'r stori hud, ar y llaw arall, gan amlaf yn cynnwys nifer o fotifau. Mae stori sy'n enghraifft o deip arbennig yn rhyngwladol a gall symud o un wlad i'r llall yn annibynnol ar ffin gwlad ac iaith. Enghreifftir hyn yn straeon 'Y Brenin a'r Abad', (A-T 922) a 'Gwlad yr Enwau Rhyfedd' (A-T 1562 A), sydd i'w cael mewn sawl gwlad ar wahân i Gymru fel straeon cyfan ar yr un patrwm.

Os ydym am gael sail i ddadansoddi straeon gwerin unrhyw ardal, rhaid wrth fynegai teip. Prif bwrpas mynegai o'r fath yw dangos perthynas neu debygrwydd elfennau storïol ym mhob rhan o'r byd, fel y gellir eu hastudio'n hwylus. Mae mynegai teip yn awgrymu fod perthynas rhwng pob amrywiad ar deip. O ddilyn ei raniadau gellir darganfod unrhyw ddeunydd mewn unrhyw gasgliad o straeon yn gyflym iawn, gan y gellir cymhwyso mynegai o'r fath at unrhyw wlad.

Sylweddolodd nifer o ysgolheigion y stori werin yr angen am fynegai teip o'r fath, ac yn eu plith Kaarle Krohn. Ymgymerodd Antti Aarne â'r gwaith, gyda chymorth Krohn, Oskar Hockman yn Helsinci, Axel Olrik yng Nghopenhagen, Johannes Bolte ym Merlin a C. W. von Sydow yn Lund. Ymddangosodd ei fynegai, *Verzeichnis der Märchentypen*, (F.F.C., Rhif 3) yn 1910.

Gan ei fod wedi ei gyfyngu i ddeunydd o Ogledd Ewrop, teimlai Aarne y gellid ychwanegu at ei fynegai yn y dyfodol a darparodd ar gyfer hyn. Rhannodd y deunydd storïol yn dri dosbarth: straeon am anifeiliaid, straeon cyffredin a straeon digri. Rhannodd y tri dosbarth ymhellach dan benawdau megis straeon hud a straeon rhamant, gan roi rhif pendant i bob stori oedd yn enghraifft o deip. Gadawodd ddigon o le i ychwanegu at y mynegai. Er nad oedd ond 540 teip yn y casgliad, aethai Aarne â'r gyfundrefn rifol i fyny hyd at 1940.

Erbyn 1924 teimlai Aarne y dylai adolygu ac ychwanegu at y gwaith, ond bu farw cyn gwireddu ei gynlluniau. Cyflawnodd Stith Thompson y gwaith yn 1926-7 ac yn 1926 ymddangosodd *The Types of the Folktale*. Dilynodd raniadau a rhifau Aarne, gan lenwi'r bylchau â theipiau newydd. Ychwanegodd ddosbarth newydd o straeon hefyd, sef y straeon ar ffurf arbennig. Ymddangosodd argraffiad diwygiedig Thompson yn 1961, gyda mwy o ychwanegiad. Dyma'r prif waith a ddefnyddiwyd i ddosbarthu deunydd storïol y testun.[9]

Bu mynegai Aarne-Thompson yn batrwm i eraill. Un o'r rhain oedd Ernest Baughman a lanwodd rai bylchau yn ei *Type and Motif Index of the Folktales of England and North America* (Den Hague, 1966).

Bai mynegeion Aarne-Thompson a Baughman ydyw eu bod yn delio â'r straeon yn unig. Gwnaeth Reidar Th. Christiansen fynegai o'r deunydd chwedlonol a allai sefyll ar ei ben ei hun fel teip annibynnol.

Gorffennai mynegai Aarne-Thompson gyda'r rhif 2340. Parhaodd Christiansen y mynegai o 3000 hyd 8025 er rhoi lle i ehangu mynegai Aarne-Thompson.

Nodir rhif teip y straeon (a'r chwedlau a gynhwysir ym mynegeion Aarne-Thompson a Christiansen) yn y testun lle bu modd. Er enghraifft, dyna 'Wlad yr Enwau Rhyfedd', a nodir fel A-T 1562 A. Hynny yw, mae'r stori yma yn ymddangos yn adran Straeon Digri (1200-1999) mynegai Aarne-Thompson. Nodir cyn y rhif o ba fynegai y daw'r rhif teip, sef A-T, Baughman neu M. L. Christiansen.

Y Motif

Ystyr *motif* mewn Diwylliant Gwerin yw'r elfen leiaf y gellir ei diffinio wrth ddadansoddi elfennau Diwylliant Gwerin. Daw'r gair o'r Ffrangeg 'Motif', sef thema neu brif nodwedd. Mewn arlunio gwerin ceir motifau patrwm, ffurfiau sy'n cael eu hail-ddefnyddio neu eu cyfuno â ffurfiau eraill mewn dull nodweddiadol. Mae patrymau cyffelyb sy'n cael eu hail-adrodd i'w gweld mewn cerddoriaeth werin a chanu gwerin. Astudiwyd motifau fwyaf ym myd y stori werin.

Mae motifau'r straeon gwerin weithiau'n syml iawn ac i'w gweld yn gyson yn y straeon gwerin traddodiadol. Gall y rhain fod yn fodau anghyffredin fel tylwyth teg, gwrachod, dreigiau, ellyllon, llysfamau creulon, anifeiliaid sy'n siarad ac yn y blaen. Gallant fod yn fydoedd rhyfeddol neu diroedd lle mae hud yn bresennol yn gyson, yn bob math o gelfi hud a ffenomenâu rhyfeddol. Gall motif hefyd fod yn stori fer a syml ynddi ei hun, yn ddigwyddiad sy'n ddigon anghyffredin neu ddiddorol i apelio at gynulleidfa o wrandawyr.

Defnyddir yr ymadrodd yn eang iawn i gynnwys unrhyw elfen sy'n rhan o stori werin draddodiadol. Eto dylid cofio fod yn rhaid iddo gynnwys rhywbeth a wnaiff i bobl ei gofio a'i ailadrodd cyn dod yn rhan o'r traddodiad. Rhaid iddo fod yn rhywbeth anghyffredin. Nid yw 'mam' yn fotif. Ond *mae* 'mam greulon' gan y tybir ei bod yn anghyffredin. Mae pob motif yn dal yn fyw am fod cenedlaethau o storïwyr wedi eu bodloni ganddynt.

I'r dadansoddwr, mae astudio motifau yn holl-bwysig er mwyn nodi cysylltiadau rhyngwladol y stori werin. Weithiau nid yw'r rhain ond rhesymeg syml, yn nodi datblygiad meddyliol cyffelyb mewn gwahanol rannau o'r byd. Weithiau maent yn hanesyddol ac yn nodi eu llinach o'r naill i'r llall neu o fan cychwyn cyffredin. Mae motifau yn llawer mwy defnyddiol ar gyfer yr astudiaeth fyd-eang hon na theipiau straeon cyfain, gan y cyfyngir y teipiau, fel arfer, i ardal ddaearyddol llawer mwy cyfyng na'r motifau. Mewn astudiaeth gymharol o fotifau ni ragdybir cysylltiad hanesyddol rhyngddynt. Mae'n bod weithiau ac yn absennol dro arall. Ar y llaw arall mae astudiaeth gyffelyb o deip cyfan wedi ei gyplysu bob amser â'r syniad o ryngberthynas hanesyddol rhwng yr amrywiadau.

Yn ei *Motif Index of Folk Idterature* (Copenhagen, 1955-8) gwnaeth Stith Thompson bob ymgais posib i gynnwys popeth yn ei restr fotifau. Gobeithiai drwy'r ehangder hwn ddod â chyffelybiaethau diddorol i'r wyneb a hybu astudiaethau pellach.

Yn ei gyflwyniad i'r *Verzeichnis* roedd Aarne wedi nodi'r posibilrwydd o lunio mynegai o fotifau arbennig, ond ni chyflawnodd y dasg ei hun. Cyn hyn cymysgid teipiau a motifau yn ddryslyd mewn rhestrau trefn yr wyddor. Ni wnaed unrhyw gais i gyflawni'r gwaith ar raddfa byd-eang nac i drefnu'r motifau yn rhesymegol. Dechreuodd Stith Thompson ar y gwaith yn 1922. Dechreuwyd cyhoeddi yn 1932 a chwblhawyd y gwaith yn 1936.

Prif bwrpas y *Motif Index* yw rhoi sail weithredol i drefnu a thrin deunydd storïol fel y gellir darganfod ei elfennau yn hawdd. Rhannwyd y gwaith yn adrannau megis 'A' – motifau yn ymwneud â'r meirw, neu 'X' – motifau yn ymwneud â hiwmor. Dyfeisiodd Thompson gyfundrefn rifau debyg i gyfundrefn Llyfrgell y Gyngres, fel y gellir defnyddio'r mynegai mewn unrhyw fan. Mae i bob motif wedyn ei rif a'i lythyren, sy'n nodi ei le yn y mynegai. Rhennir y penodau (a nodir gan lythrennau, fel y nodwyd uchod) yn ddosbarthiadau mawr, gan amlaf o gan rhif, a'r rhain yn eu tro yn ddegau, etc. Gellir egluro hyn gyda motif unigol. Er enghraifft B.91.5.2. (Ymlusgiad mewn llyn). Dyma is-raniad o B (Anifeiliaid); 0-99 (Anifeiliaid Nythaidd); B.91 (Sarff fythaidd); B.91.5. (sarff fôr), etc. Gwelir felly mai po fwyaf y rhaniadau, mwyaf y manylder.

Dilynwyd patrwm Thompson gan nifer o ysgolheigion eraill. Oherwydd trylwyredd y *Motif-Index*, llenwi bylchau yn unig a wnaiff y gweithiau hyn. Ar gyfer y traethawd hwn defnyddiwyd rhai mynegeion ychwanegol at *Motif-Index* Thompson, sef *Type and Motif Index* Baughman, *Motif-Index of Early Irish Literature* (Bloomington, s.d.) Tom Peete Cross a phedair cyfrol *A Dictionary of British Folktales* Briggs, lle nodir rhai motifau newydd.

Fel gyda theipiau'r stori a'r chwedl, rhoddir rhif y motif a hefyd y mynegai lle nodir ef. Gyda'r motifau a restrir gan Thompson dilynaf yr arfer a nodi rhif y motif yn unig, ond gyda'r lleill nodir os mai Baughman, Cross neu Briggs a'i cofnododd.

Teitlau'r Straeon

Nid oes gan y rhan fwyaf o gymdeithasau deitlau swyddogol ar y straeon a adroddant. Fodd bynnag, mewn casgliadau o straeon a gyhoeddwyd ceir teitlau a luniwyd, gan amlaf, gan y casglwyr eu hunain. Ymddengys yn debygol fod teitlau safonol i straeon yn eithriad yn hytrach na rheol ymhlith unrhyw grŵp a'u bod ar goll yn llwyr mewn rhai grwpiau.

Mae rhai teitlau wedi cael eu derbyn yn rhyngwladol, megis 'Gwlad yr Enwau Rhyfedd', 'Mae'r Sgubor ar Dân', 'Y Brenin a'r Abad', 'Y Mynach a'r Aderyn', 'Llygoden y Wlad a Llygoden y Dref', ac ati, yn sgil enwau Aarne-Thompson ar deipiau'r stori. Fodd bynnag, nid oes teitl i'r rhan fwyaf o straeon newydd ac nid oes deitlau o gwbl i'r chwedlau. Rhaid oedd i mi lunio teitlau newydd i'r rhan fwyaf o'r straeon gwerin a gynhwysir yn y testun isod.

Storïwyr Gweithredol a Storïwyr Goddefol

Roedd von Sydow yn un o ddamcaniaethwyr mawr astudiaethau gwerin, a lluniodd ugeiniau o dermau newydd. Ymhlith ei brif ddiddordebau roedd mecaneg trosglwyddiad diwylliant gwerin. Un o'i ddamcaniaethau sy'n gysylltiedig â hyn, ac sydd wedi cael derbyniad rhyngwladol erbyn hyn, yw'r gwahaniaeth rhwng cynheiliaid gweithredol a chynheiliaid goddefol y diwylliant gwerin.

Cynheliaid gweithredol y diwylliant gwerin yw'r unigolion hynny sy'n adrodd y straeon a chanu'r cerddi. Gellir eu cyferbynnu â'r cynheiliaid goddefol sy'n gwrando'n unig ar berfformiad y cynheiliaid gweithredol. Yn ôl von Sydow nid oedd mewn unrhyw gymdeithas ond nifer fechan o gynheiliaid gweithredol, ac eto mae'r ychydig unigolion hyn yn gyfrifol am barhad a lledaeniad y traddodiad. Dywedai ef nad yw'r stori hud, ffurf fwyaf cymhleth y stori werin, yn cael ei throsglwyddo ond pan fo un cynheiliad gweithredol yn ei hadrodd wrth un arall. Os symud cynheiliad gweithredol o ardal cyn adrodd ei straeon, gallasai y traddodiad storiol farw yn y lle hwnnw. Ac os na all barhau'n weithredol yn yr ardal newydd, oherwydd problemau iaith neu ddiwylliant, gall y traddodiad storiol ddiflannu eto. Ond cydnebydd von Sydow ei bod yn bosib i gynheiliaid goddefol droi'n weithredol ar farwolaeth neu ymadawiad cynheiliad gweithredol o'r cylch. Ni all cynheiliad goddefol, fodd bynnag, adrodd na chofio'r straeon cystal â'r storïwyr gweithredol. Credai von Sydow fod rhif y cynheiliaid gweithredol yn gymharol fychan a bod trosglwyddiad diwylliant gwerin yn beth herciog ac anghyson. Am hynny gwrthodai ef y syniad am ddiwylliant llafar yn ymledu fel crych tonnau ar ôl taflu carreg i lyn.

Roedd gan y storïwr gweithredol gynhysgaeth enfawr o straeon ar ei gof, o'i gymharu â'r storïwr goddefol, a wrandawai'n unig gan amlaf. Ni wyddai unrhyw un storïwr goddefol y cwbl o stôr straeon storïwr gweithredol, ond mewn cynulleidfa o wŷr o'r fath roedd gwybodaeth y storïwr gweithredol yn hysbys rhwng pawb. Gweithredai'r cynheiliaid goddefol i gadw'r traddodiad yn gyson, gan wgu ar newidiadau a chynorthwyo'r storïwr ar yr adegau prin pan anghofiai.

Erbyn heddiw yn Ardal Eryri, storïwyr goddefol yn unig a erys, a rhaid holi llawer cyn cael rhyw syniad o gyflawnder y traddodiad llafar, gan nad ydyw'r storïwyr yn adrodd y straeon wrth eraill ond yn hytrach yn eu cadw iddynt eu hunain. Nid oes ganddynt na dawn adrodd na chof y storiwyr gweithredol.

3. Natur y Stori Werin

Mae adrodd straeon yn un o gelfyddydau hyna'r byd. Yn wir, dyma ddatganiad ymwybodol lenyddol cyntaf dyn. Dyma hefyd ei ddull hynaf o gofnodi.

Roedd adrodd stori yn un o weithgareddau'r bardd yn Ewrop ers canrifoedd lawer. Dyna a wnai Homer. Dilynai'r confensiwn gorllewinol o adrodd ei stori ar gân.

Yn Ewrop yn yr Oesoedd Canol ceid dau fath o fardd, sef y trwbadŵr a'r *jongleur*. Y delyneg oedd priod faes y trwbadŵr. Y *jongleur* a gyflwynai'r gerdd hanesiol neu'r *chanson de geste* megis y *Chanson de Roland*. Canai hwy lle bynnag y câi wrandawyr, yn arbennig yn llysoedd yr uchelwyr. Yn hyn o beth roedd yn llinach yr hen ddatgeiniaid o ddyddiau Homer i lawr.

Ceid cytras i'r *jongleur* yn *skoromokhi* Rwsia. Canai'r rhai *byliny* (sef *chansons de geste)*, cyn eu dileu fel dosbarth yn yr ail ganrif ar bymtheg. Ond arhosodd eu *byliny* i'r cyfnod diweddar, yn cael eu hadrodd gan *skasiteli* o'r dosbarth gweithiol. Ochr yn ochr â'r *byliny* roedd y stori werin neu'r *skaska* yn ffynnu ym mwthyn y tlawd. Yn wyneb pob ymgais i'w dileu, parhaodd yr arfer o adrodd straeon gwerin yn Rwsia hyd y ganrif hon. Hyd ddiwedd y bedwaredd ganrif ar bymtheg roedd yn arfer mor boblogaidd yn nhai'r cyfoethogion ag ym mythynnod y tlodion.

O gyfnod cynnar roedd adrodd straeon cymhleth, sef *cyfarwyddyd*, yn ddifyrrwch diwylliedig yn llysoedd y penaethiaid a'r tywysogion Cymraeg. Prin iawn yw'n gwybodaeth am y gwŷr arbennig a adroddai'r straeon, sef y *cyfarwyddiaid*. Dawn lafar ac felly dawn ddarfodedig oedd yr eiddynt. Tystiai ambell gyfeiriad yma ac acw yn ein llenyddiaeth gynnar am y bri a oedd arnynt ac i'r croeso a'u harhosai yn y llysoedd. Tystir am fedr Gwydion fel cyfarwydd yn y Bedwaredd Gainc:

> Ynteu Wydyon goreu kyuarwyd yn y byt oed. A'r nos honno, didanu y llys a wnaeth ar ymdidaneu digrif a chyuarwydyt, yny oed hoff gan paub o'r llys, ac yn didan gan Pryderi ymdidan ac ef.[1]

Yn ddiweddarach yn yr un stori adroddir am Gwydion yn dod at Gaer Arianrhod.

> 'E porthawr,' heb ef, 'dos ymywn, a dywet uot yma beird o Uorgannwc.' Y porthawr a aeth. 'Graessaw Duw wrthunt. Gellwng y mywn wy,' heb hi. Diruawr leuenyd a uu yn eu herbyn. Yr ymneuad a gyweirwyd ac y wwyta yd aethpwyt. Guedy daruot y bwyta,

ymdidan a wnaeth hi a Guydyon am chwedleu a chyuarwydyt. Ynteu Wydyon kyuarwyd da oed.[2]

Yn y Bedwaredd Gainc mae Gwydion yn fardd ac yn storïwr. Prif swyddogaeth y pencerdd yng Nghymru oedd canu mawl arglwyddi. I wneud hynny rhaid oedd gwybod eu hachau a'u hanes, a gwybod chwedlau traddodiadol y bobl Gymraeg eu hiaith. Roedd gwybod chwedlau yn rhan hanfodol o addysg y *fili* Gwyddeleg yntau. Hyd yn gymharol ddiweddar llenyddiaeth lafar oedd ein llenyddiaeth ni, yn fonedd a gwreng, fel llenyddiaethau eraill y Cyfandir. Mae llawer o'n barddoniaeth gynnar, megis 'Canu Llywarch Hen', yn perthyn i gyfarwyddyd llafar y collwyd ei rannau rhyddiaith yn llwyr. Sgrifennid y farddoniaeth er mwyn ei chadw'n gywir air am air tra gadewid i'r dolennau rhyddiaith gymryd eu siawns ar lafar. Yn raddol collwyd y rhannau rhyddiaith ac nid erys ond y farddoniaeth.

Ni ddylem byth anghofio mor bwysig yw awyrgylch adrodd stori. Dyma'r allwedd sy'n datgloi pam bod angen am straeon gwerin o gwbl. Mae i bob stori bwrpas; mae'n cyflawni rhyw swyddogaeth. Os na fyddai i stori swyddogaeth ni fyddai iddi ystyr ac ni thrafferthid ei throsglwyddo. Ond yn amlach na pheidio mae diddordebau'r storïwr yn cael eu cyflyru gan ddiddordebau'r gymdeithas y mae'n perthyn iddi. Ni ellir gorbwysleisio bod pob stori mewn bod oherwydd ei defnydd i'r gymdeithas lle cedwir hi, yn uniongyrchol neu'n anuniongyrchol drwy hybu buddiannau'r storïwr.

Mae stori bob amser yn ddatganiad o ryw fath. Ni wnaiff yr un storïwr ond datgan i'w wrandawyr yr hyn a dybia fydd o ddiddordeb iddynt. Mae'n gwybod yr hyn fydd o ddiddordeb i'w wrandawyr gan ei fod yn gwybod beth yw canolbwynt eu diddordebau, gan mai'r rheiny yw rhai'r gymdeithas oll. Bydd ysbryd yr amseroedd a gwerthoedd diwylliannol y gymdeithas honno yn penderfynu'r hyn a gyfrifir yn bwysig. Nid yw'r rhan fwyaf o straeon ond mynegiant o safonau byw a gobeithion presennol eu hadroddwyr. Mae pob traddodiad yn codi ac yn cael ei gynnal o fewn amgylchfyd diwylliannol arbennig a ffurfir ef ar linellau'r patrwm diwylliannol. Mae'n rhan hanfodol o'r diwylliant a golyga ei symud o'i briod amgylchfyd ei ddinistrio. I ddeall traddodiad, mae'n rhaid adnabod y diwylliant a roes fod iddo. Mae hyn yn arbennig o wir am y stori werin, sy'n rhan bwysig o'r traddodiad llafar; ond cofier mai rhan ydyw ac nid y cyfan.

Ni ellir egluro bodolaeth y straeon gwerin trwy ddweud mai diddanwch yn unig ydynt.

Mae galw gweithiau celfyddyd cyfnodau cyn-Gristnogol neu Ganoloesol yn ddim ond diddanwch er ei fwyn ei hun, yn mesur y gorffennol yn ôl un o'n damcaniaethau beirniadol ni, sef y syniad bod celfyddyd gain yn bod er mwyn pleser yn unig. Yn ôl y ddysg draddodiadol, fodd bynnag, yn India ac yn Ewrop, mae celfyddyd yn ffurf ar wybodaeth, yn gyfrwng ymwybyddiaeth, yn ddatganiad o'r gwir. Mae gwrando ar stori yn cael ei hadrodd yn dda yn bleser, ac y mae'r storïwr, o wybod hyn, yn aml yn mynd i drafferth er mwyn pwysleisio ei swyddogaeth uwch. Mae ystyr llawer dyfnach i lawer o'n straeon gwerin nag a dybir ar y cyntaf, a hyn efallai sy'n egluro eu parhad bythol.

Daw'r gair 'ystyr' yn Gymraeg o'r Lladin *historia*, a roes *story* a *history* yn Saesneg. Mae 'hanes' erbyn hyn wedi hen adael ystyr wreiddiol tu-hwnt-i-hanes *historia*, a ddeilliai o air a olygai 'gwybodus', 'dysgedig', 'gŵr doeth', 'barnwr'. Ond gwelir peth o statws y straeon gynt yn yr ystyr a roddir i 'cyfarwyddyd', sef 'arweiniad', 'rhoi ar ben ffordd', 'hyfforddiant', 'gwybodaeth', 'gallu', 'gorchymyn'. Bôn y gair yw 'arwydd', sef 'nod', 'sumbol', 'amlygiad', 'argoel', 'gwyrth' – yn deillio o air a olygai 'gweld'. Gweledydd ac athro oedd y cyfarwydd yn wreiddiol, yn tywys eneidiau ei wrandawyr drwy fyd y 'dirgel'.

Mae i lên gwerin – ac felly i straeon gwerin – bedair prif swyddogaeth. Yn gyntaf galluogant yr adroddwr a'i gynulleidfa i ddianc mewn ffantasi rhag amodau eu cymdeithas ddaearyddol a'u hualau moesol fel aelodau o'r hil ddynol. Yn fyr, rhoddant fynegiant i'w dyheadau a'u hofnau dyfnaf. Yn ail, mae straeon gwerin yn cadarnhau diwylliant gan gyfiawnhau seremonïau a sefydliadau i'r rhai sydd yn eu cyflawni a'u parchu. Mae stori yn aml yn warant neu siarter, ac weithiau hyd yn oed yn arweiniad ymarferol, yn hytrach nag eglurhad. Trydydd swyddogaeth straeon gwerin yw addysgu, yn arbennig – ond nid yn unig – mewn cymdeithasau anllythrennog. Yn bedwerydd, mae straeon gwerin yn aml yn amddiffyn a gwarchod cysondeb ac uniongrededd ymddygiad y gymdeithas. Er bod hyn yn gysylltiedig â'r ddwy swyddogaeth olaf, mae'n wahanol eto. Mae rhai ffurfiau ar lên gwerin yn gweithredu rheolaeth gymdeithasol ac yn rhoi gorfodaeth a phwysau ar yr anghydffurfiwr sy'n bwriadu anwybyddu'r norm. Mae hyn eto'n arbennig o wir ymhlith cenhedloedd anllythrennog. Ond y mae'r gwrthwyneb hefyd yn wir a defnyddir llên gwerin i foli'r sawl sy'n cydymffurfio.

> O edrych arno fel hyn, mae llên gwerin yn beirianwaith pwysig er cadw sefydlogrwydd diwylliant. Fe'i defnyddir i argraffu arferion a safonau moesol ar yr ifanc a phan fo'n berson yn ei oed a'i amser i'w anrhegu â chlod pan fo'n cydymffurfio, i'w gosbi â gwawd neu

gondemniad pan fo'n cyfeiliorni, ac i roi atebion iddo pan herir neu amheuir y sefydliadau a'r arferion, i awgrymu iddo fod yn fodlon ar bethau fel y maent, ac i roi iddo'r gallu i ddianc rhag caledi ac anghyfiawnderau ei fywyd beunyddiol, fel iawndal. Dyma, yn wir, baradocs sylfaenol llên gwerin, sef ei fod, tra'n rhan hanfodol o drosglwyddiad a pharhad sefydliadau diwylliant, a thra'n gorfodi'r unigolyn i gydymffurfio â hwy, ar yr un pryd yn rhoi iddo ddihangfâu derbyniol gan gymdeithas rhag y rhwystredigaethau a rydd y sefydliadau hyn arno.[3]

Er mai unigolyn yw'r storïwr, mae'n fod cymdeithasol; mae'n adrodd ei straeon yn ôl yr hyn a glywodd. Ef sy'n dewis lliwio neu gwtogi, ond yn ôl safon feirniadol ei wrandawyr. Mae straeon unrhyw storïwr yn dibynnu i raddau helaeth iawn ar waddol y gorffennol, ar ymateb ei gynulleidfa, ac ar arddull yr adroddwr ei hun. Cynnyrch y gymdeithas ydyw ef a'i straeon.

Yn ein gwareiddiad ni y plant lleiaf sydd yn cadw'r diddordeb yn y stori werin, ysywaeth. Adroddir straeon yn yr ysgol feithrin ac yn ddiweddarach fe'u darllenir ar ffurf syml. Yn wir, mae'r sefyllfa mor gyffredin nes bod cyhoeddwyr a llyfrgelloedd yn dueddol o drin pob stori werin fel llenyddiaeth ar gyfer yr ifanc. O ran cydnabod sefyllfa gellir cyfiawnhau hyn, oherwydd mae pobl mewn oed mewn byd lle mae digon o lyfrau wedi hen gefnu ar y straeon hyn ac yn eu hystyried yn bethau plentynnaidd. Yr un fu tynged y stori werin â'r bwa saeth.

Gynt roedd y storïwr yn cael ei eni i gymdeithas a oedd yn galw am ei wasanaeth ac yn ei fawr brisio. Eid i drafferth mawr i sicrhau parch y traddodiad llafar. Mae tystiolaeth am werth goruwchnaturiol y stori werin i'w gael ledled y byd. Yn Llyfr Leinster mae ychwanegiad at destun y saga *Táin Bo Cuailnge* yn bendithio pawb a ddysgai'r *Táin* yn ffyddlon ar ei gof, heb roi ffurf arall arni. Mae'r gwobrwyon a addewir i'r rhai a wrandawai ar ddatgan y straeon yn ei gwneud yn berffaith amlwg nad diddanbethau'n unig oeddynt. Un o'r tri rhyfeddod cysylltiedig â'r *Táin* oedd bod blwyddyn o nawdd i'r sawl a'i clywai. Cadarnheir y ffaith nad diddanu oedd prif bwrpas y straeon pan gofir am y pwyslais ar wrando'n astud arnynt – megis ar wasanaeth crefyddol. Gorffen nifer o straeon yn yr arwrgerdd Mahābhārata gydag addefiad y bydd i'r sawl a'u hadroddai neu a wrandawai'n astud arnynt gael eu bendithio â iechyd, cyfoeth a thylwyth. Adroddid Rāmāyana Vālmīki nid oherwydd ei werth adloniadol ond oherwydd ei rym:

> Caiff y sawl a wrandawo'r chwedl ryfeddol hon am Rama . . . faddeuant o'i holl bechodau. Drwy wrando ar weithredoedd Rama caiff y sawl sy'n chwenychu meibion y maint a fyn, tra i'r sawl a chwennych gyfoeth y rhoddir cyfoeth. Y wyryf a ddeisyf ŵr a gaiff ŵr . . . ac a gyferfydd eto â'i phobl annwyl sy'n bell i ffwrdd. Y rhai a glywo'r gerdd . . . gwireddir eu holl ddymuniadau a chyflawnir eu holl weddïau.[4]

Gorchmynnodd Padrig Sant na fyddai 'na chwag na sgwrs' yn ystod un stori ac na ddylid ei hadrodd 'ond wrth ychydig bobl dda fel y gwrandewir arni'n well'. Rhoes Padrig gymaint o rinweddau i'r stori fel y câi gwŷr lwyddiant mewn plant, brodyr – a chwiorydd – meithrin. Os adroddid y stori cyn mentro ar long byddai'r fordaith yn ddiogel a llwyddiannus, heb berygl oddi wrth na gwynt na thonnau. Os adroddid y stori cyn achos cyfreithiol neu helfa byddai'r achos yn llwyddiannus a phopeth yn ffafriol. Os adroddid y stori wrth ddod â gwraig adref, byddai'r cam yn un da, gyda llwyddiant yn amlwg. O adrodd y stori cyn mynd i mewn i dŷ gloddest newydd byddid heb ymladd chwerw na ffolineb a heb ddadweinio arfau yno. Yn wir, os adroddid y stori wrth gaethion Iwerddon byddai fel agor eu cloeau a'i rhwymau. Roedd grym stori yn effeithiol hyd yn oed tra adroddid hi. Mewn stori werin o Galway dywedir na allai'r Diafol fynd i dŷ arbennig am fod straeon y *Fianna* yn cael eu hadrodd yno. Gorffen y 'Pum Stori ar Hugain am yr Ysbryd yn y Gelain' (*Voetālapañoavinśati*) gydag addewid yr ysbryd y 'bydd ysbrydion ac ellyllon yn hollol ddi-rym pryd a lle bynnag yr adroddir y straeon hynny. A phwy bynnag a edrydd hyd yn oed un ohonynt gydag ymroddiad, bydd yn rhydd oddi wrth ei holl bechodau.' Efallai bod y syniad bod *gwybod* stori yn rhoi grym a llwyddiant yn chwithig i ni, ond cadarnheir hyn dro ar ôl tro mewn mytholeg Hindŵaidd.

Yn Iwerddon roedd adegau arbennig pan ddisgwylid clywed adrodd y straeon traddodiadol. Ymddengys bod nosweithiau tebyg yng Nghymru ac Eryri gynt. Yr hyn sy'n drawiadol am yr achlysuron hyn ydyw mai yn ystod nosweithiau hir y gaeaf y cynhelid hwy, a hynny ar yr aelwyd gan amlaf.

Mewn stori Wyddeleg, y mae ei hiaith yn dangos iddi gael ei sgrifennu yn yr wythfed ganrif, edrydd y bardd Forgoll stori wrth Mongán, brenin ar ranbarth o Ulster, bob nos drwy'r gaeaf, 'ó Shanhain go Bealtaine', – o Galan Gaeaf hyd Galan Mai. Dyma ymadrodd a gysylltir yn aml â'r traddodiad adrodd straeon. Ni ellir anwybyddu adrodd y straeon yn y gaeaf ac yn y nos fel trefniant cyfleus. Mae'r dystiolaeth o America, Ewrop, Affrica ac Asia yn unfryd yn gwahardd adrodd straeon Santaidd yn yr haf neu yng ngolau dydd, ond ar adegau arbennig. Ar Ynysoedd Trobriand adroddid 'Kukvanebu' (straeon hud a lledrith) dramatig yn y nos ym mis Tachwedd, rhwng y tymhorau plannu a physgota. Terfynant gyda chyfeiriad ystrydebol at blanhigyn gwyllt ffrwythlon iawn ac roedd cred bod eu hadrodd yn cael dylanwad llesol ar y cnydau newydd. Edrydd Fulani Gogledd America y 'tali' (straeon hud a lledrith) a'r 'deddi' (posau) yn ystod y nos. Byddai gwneud hynny yng ngolau dydd yn mentro colli perthynas agos: tad, mam, brawd neu chwaer. Yn Ynysoedd Marshal, Micronesia ni adroddir straeon hud a lledrith yn ystod y dydd rhag i bennau'r storïwr a'i gynulleidfa chwyddo 'cymaint thŷ'.

Yn ddiweddarach ymestynnai tymor y chwedleua, yr *áirneáin,* o Ŵyl Mihangel hyd Ŵyl Padrig. Ar Ynysoedd Aran yn y cyfnod diweddar yr arfer oedd adrodd straeon o wythnos olaf Hydref hyd y Nadolig. Dechreuid pysgota yn Ionawr ac arferid mynd i glwydo'n gynnar ar ôl hel abwyd a pharatoi ar gyfer trannoeth. Yn wir tardd yr enw *áirneán* o 'airne', sef 'aros i fyny'r nos'. Y gaeaf oedd ei dymor yn bendant, ac yn yr haf pan fyddai siarad ar yr aelwyd arferid dweud: 'Nid amser *áirneán* mohoni o gwbl'.

Yn y traddodi y mae celfyddyd chwedleua: heb ei hadrodd y mae'r stori yn marw, a heb ei gynulleidfa y mae'r storïwr yn distewi. Yn Iwerddon, gan amlaf, gwrandawai'r gynulleidfa yn astud ar bob gair gan ymateb i ddigrifwch neu bathos, a phorthi yma ac acw. Ar ôl i'r storïwr orffen dangosent eu cymeradwyaeth, cyn dechrau sgwrsio am y cymeriadau a'r arddull. Roeddent yn ymwybodol iawn o'r olaf. Roedd parch a statws i'r storïwr. Adroddid y straeon gan bobl mewn oed wrth ei gilydd – nid diddanwch plant mohonynt. Yn Iwerddon gyrrid y plant i'w gwlâu rhag tarfu ar y storïwr. Cydnabyddid bod adroddwr nad oedd yn hoffi cael plant yn torri ar draws yn artist ymwybodol. Roedd hyn yn arbennig o wir am y sagâu arwrol. Yn wir, anaml iawn yr arhosai gwragedd yn y cynulliadau hyn chwaith, y *téach acealaíochta.* Os digwyddai gwraig fod mewn tŷ lle deuai gwŷr ynghyd i wrando straeon o'r fath byddai'n arfer mynd i dŷ arall, ar ôl sicrhau bod y tŷ yn dwt ac yn lân a bod tanllwyth o dân ar yr aelwyd. Yn Hwngari gynt, yn yr un modd, camgymeriad fyddai tybio mai dim ond plant a wrandawai ar adrodd y straeon. I'r gwrthwyneb: adroddid y straeon wrth oedolion. Yn Sara anfonid y plant a ddeuai i mewn yn llechwraidd a chuddio yn y corneli o'r stafell. Nid oedd dau storïwr arbennig, Pandur a Novopolsev, yn fodlon cael unrhyw blant yn eu cynulleidfa, ar wahân i'r adeg pan adroddent straeon addas i blant yn unig.

Mae nifer o ffactorau cydnabyddedig yn rheoli parhad a throsglwyddiad unrhyw dystiolaeth lafar – boed grefft, cred, hanes, stori neu draddodiad. Y ffactor cryfaf, yn naturiol, yw hyfforddiant ffurfiol. Darganfuwyd ymhlith nifer fawr o bobloedd anllythrennog, a hyd yn oed ymhlith yr Asteciaid a allai sgrifennu, y sefydlid ysgolion pwrpasol i ddysgu'r traddodiadau clasurol yn drwyadl. Yn Affrica ceid ysgolion Bono-Manau a Rwanda; ym Mholynesia, ysgolion Hawaii, Ynysoedd y Marcwesa a Seland Newydd; yn America, ysgolion yr Incaid a'r Asteciaid. Gwelir bod y traddodiadau llafar yn llawer mwy cadarn ymhlith pobl o'r fath oedd â dosbarth hyfforddedig arbennig nag ymhlith pobl lle'r oedd y traddodiadau yn eiddo i bawb.

Nid yw dysgu ar lafar a dibynnu ar y cof yn beth newydd yn y byd Celtaidd chwaith. Nododd Cesar y byddai'r Derwyddon yn dysgu nifer fawr o gerddi ar eu cof a bod eu hyfforddiant yn gallu parhau am ugain mlynedd. Roedd yr hyfforddiant hwn i gyd ar lafar ac ni sgrifennid dim ohono. Dibynnid ar y cof yn llwyr a hollol fel yn ysgolion brahmanaidd India. Mewn ardaloedd Celtaidd roedd trosglwyddiad y stori lafar yn fanwl iawn. Adroddodd rhai storïwyr o Ucheldiroedd yr Alban straeon sydd i'w cael yn y llawysgrifau Gwyddeleg cynnar gyda manylder oedd ymron air am air. Yn sgil hyn cred Dr Katherine Briggs fod llawer o'r straeon gwerin wedi cael eu llunio a'u disgyblu yn yr ysgolion barddol a phan ddiflannodd y beirdd a'u cyfundrefn nad anghofiwyd gwers trosglwyddo cywir. Awgrymwyd hefyd bod ysgol storïwyr mewn ambell bentref yn Iwerddon, ond yn ôl pob tebyg rhamanta yw hyn. Roedd y traddodiad adrodd straeon yn arbennig o gryf mewn ambell le a gofalai hynny bod y storïwr yn ymddisgyblu. Eto mae tystiolaeth gref, yn arbennig yn Iwerddon, bod ambell deulu yn nodedig fel storïwyr. Ceid yr un peth yn Hwngari. Gwelir hyn yn amlwg yn hanes Peig Sayers, un o storïwyr gorau Iwerddon; dysgodd hi lu o straeon gan ei thad a cherddi gan ei nain.

Fel y nodwyd eisoes roedd nawdd goruwchnaturiol i'w gael o wybod a chlywed rhai straeon. Rhaid bod hyn yn bwysig er cadw'r traddodiad, gan fod cryn bwyslais ar adrodd y straeon yn gywir a gwrando'n ystyrlon. Ceid hefyd gosbau am beidio a gwybod y traddodiadau. Ym Mholynesia cosbedigaethau o natur ddefodol oedd yn gyffredin mewn achosion o fethu adrodd traddodiad yn gywir, air am air. Yn Ynysoedd y Marcwesa ystyrid unrhyw beth cysylltiedig â hyfforddiant yn y cyfryw draddodiadau yn santaidd. Pan wneid camgymeriad wrth adrodd traddodiad rhoid y gorau i'r ddefod, yr hon a gadarnhawyd gan y duwiau. Yn Seland Newydd roedd un camgymeriad wrth adrodd y traddodiadau yn ddigon i deilyngu marwolaeth yr athro a'i gwnaeth.

Roedd yr un peth yn digwydd yn Hawaii. Mewn gwledydd eraill, yn arbennig yn Affrica, rhaid oedd gwybod y traddodiadau ynglŷn ag addoli hynafiaid yn drwyadl os oedd yr adroddwr am osgoi ennyn eu llid a'i roi ei hun mewn perygl.

Mae nerth y cof llafar yn aml yn ymddangos yn anhygoel i ni heddiw. Nid mater o ddysgu stori neu draddodiad air am air ydyw fodd bynnag. Mae'n ffaith dra hysbys mai un o'r ffactorau pwysicaf sy'n rheoli gallu dynion i gofio yw'r sylw a gaiff y deunydd sydd i'w gofio. Ffactor arall yw ymarfer cyson yn nulliau dysgu a chofio. O ganlyniad mae'r cof yn dibynnu yn llwyr a hollol ar ddull trosglwyddo, pa mor fanwl y rheolir cywirdeb yr ailadrodd ac amlder adrodd y deunydd. Mae'r tair ffactor yma gyda'i gilydd yn rhoi rhyw syniad o'r sylw a roddid i ddulliau dysgu a'r hyfforddiant a gafwyd ar gyfer y cyfryw. Nid yw'r cyfnod y bu stori fyw ar lafar ond eilradd: gall stori gael ei hadrodd yn gywir am ganrifoedd yn aml.

Mae ffurf y stori yn rheoli llawer ar ei pharhad a'i throsglwyddiad cywir. Mae cerddi, sy'n gadarn a digyfnewid, yn haws eu cofio yn gywir na stori ryddiaith. Mae odl, rhythm a chyseinedd cerdd yn aml yn ei gwneud yn haws ei chofio. Cyfeiriwyd eisoes at 'Ganu Llywarch Hen' lle'r erys y cerddi ond lle mae'r rhyddiaith, gweddill y cyfarwyddyd, wedi hen ddiflannu.

Gall ailadrodd straeon ar adegau defodol arbennig hybu eu parhad llafar. Gwelir hyn yn aml ymhlith llwythau Affrica. Ond nid yw hyn ynddo'i hun yn ddigon i gadw traddodiad yn fyw. Gall ailadrodd aml ladd os yw'r fersiwn yn un llwgr. Fel y nodwyd uchod, gellir cofio'n gywir ddeunydd llafar na feddyliwyd amdano er blynyddoedd hefyd.

Gall stori lafar ddirywio pan nad yw storïwr yn deall iaith y stori. Eto mae digon o dystiolaeth fod y gwrthwyneb hefyd yn wir; bod dieithrwch iaith yn sicrhau bod y stori yn glynu air am air yn y cof. Yn Iwerddon ceid storïwyr uniaith Saesneg yn adrodd straeon mewn Gwyddeleg nad oeddent yn deall gair ohonynt, mewn ardaloedd lle bu traddodiad chwedlonol cryf, er nad cystal, yn naturiol. Ceir hanes gŵr yn adrodd stori Wyddeleg a glywsai gan ei dad er bod rhannau ohoni nad oeddent yn ddim ond sŵn iddo.

Y dylanwad mwyaf ar unrhyw storïwr yw ei gynulleidfa geidwadol a beirniadol. Er mai'r storïwr sy'n adrodd y straeon, nid ef yn unig sydd yn eu gwybod. Roedd ei gynulleidfa hithau yn gwybod rhan helaeth o gynhysgaeth storïol pob storïwr. Yn hyn o beth roedd y straeon yn dreftadaeth y gymdeithas oll. Roedd y prif straeon yn hysbys i bawb. Gwelir yma bwysigrwydd y storïwr gweithredol a adroddai'r straeon a'r storïwr goddefol – y gwrandäwr – a wyddai'r straeon ond na allai eu hadrodd. Pwysigrwydd y storïwyr goddefol yw eu dylanwad ceidwadol, yn sicrhau bod y storïwr yn cadw at y stori yn union fel yr oeddent hwy yn ei gwybod a'i gywiro neu ei gynorthwyo ar yr adegau prin pan lithrai.

Ychydig sydd ar gael am storïwyr llafar Cymru ond roedd y traddodiad yn cael ei amlygu yn Eryri. Mae peth tystiolaeth ar gael am barhad y traddodiad gweithredol llafar hyd yn ddiweddar iawn.

Yn 1567 mae Gruffydd Robert yn hiraethu am y bywyd a adawsai ar ôl yng Nghymru ac yn dweud:

> Mae arnaf hiraeth am lawer o bethau a gaid ynghymru i fwrw'r amser heibio yn ddifyr ac yn llawen wrth ochel y tes hirddydd haf. Canys yno, er poethed fai'r dymyr, ef a gaid esmwythdra, a diddanwch i bob math ar ddyn. Os byddai un yn chwennychu digrifwch, a gai buror ai delyn i ganu mwyn bynciau, a datceiniaid peroslau i ganu gida thant, hwn a fynnychwi, ai mawl i rinwedd, yntau gogan i ddrwg gampau. Os mynnych chwithau glowed arfer y wlad yn amser yn teidiau ni, chwi a gaech henafgwyr briglwydion a ddangossai iwch ar dafod leferydd bob gweithred hynod a gwiwglod a wneithid trwy dir Cymru er ys talm o amser.[5]

Cadarnheir hyn gan adroddiad ar grefydd yng Nghymru a sgrifennwyd gan ysbïwr i'r llywodraeth tua diwedd teyrnasiad Elisabeth I (1556-1603) neu ddechrau teyrnasiad Iago I (1603-25), tua 1600 dyweder. Ar ôl sôn am y Cymry'n pererindota'n droednoeth i wahanol fannau cysegredig, ffynhonnau, eglwysi a'r cyffelyb, dywed yr adroddiad:

> Ar y dyddiau Sul a'r gwyliau arfer llu o bob math o wŷr, gwragedd a phlant pob plwyf gyfarfod mewn gwahanol leoedd, un ai ar rhyw fryn neu ar ochr rhyw fynydd, ble mae eu telynorion yn canu cerddi iddynt (sy'n sôn) am weithredoedd eu hynafiaid, sef, am eu rhyfeloedd yn erbyn brenhinoedd y deyrnas hon a chenedl y Saeson, ac yna olrheiniant eu hachau ymhell (gan ddangos) fel y mae pob un ohonynt yn disgyn o'r rheini, eu hen dywysogion. Yma hefyd maent yn treulio eu hamser yn gwrando gwahanol rannau o fucheddau Taliesin, Myrddin, Beuno, Cybi, Garmon ac eraill o saint a phroffwydi honedig y wlad honno.[6]

Y rhan o'r wlad y cyfeirir ati yw Ardal Eryri.

Yn ôl Glasynys parhaodd pobl Moel Tryfan i gyfarfod fel hyn tan ei ddyddiau ef. Rhydd Kate Roberts ddisgrifiad o ardal Rhostryfan ar ddechrau'r bedwaredd ganrif ar bymtheg:

Ar ôl y gwasanaeth yn yr Eglwys ar fore Sul, âi'r ieuenctid i ofera, meddir; un o'r llefydd y cyrchid iddo oedd Tan y Gaerwen, yn agos i'r man lle saif Capel Rhostryfan arno. Deuai'r bobl ifainc a rhai hŷn yno o wahanol fannau, adroddid chwedlau'r tylwyth teg ac ystorïau marw, a cheid y ddawns a gwahanol fathau ar chwarae.[7]

Yng nghyfnod plentyndod o Dr Kate Roberts yn ardal Rhosgadfan roedd llawer o gyrchu o dŷ i dŷ gan gymdogion gyda'r nos ar ôl swper chwarel:

Treulid gyda'r nos fel hyn yn siarad, a naw gwaith o bob deg, dweud straeon y byddid. Nid wyf yn cofio fawr erioed glywed dadlau ar bynciau yn yr ymweliadau hyn. Yn yr Ysgol Sul a'r caban bwyta y byddid yn dadlau ar bynciau. Ac os byddai rhyw helynt wedi digwydd yn y chwarel, neu os byddai anfodlonrwydd ynglŷn â rhywbeth, neu os byddai damwain wedi digwydd, fe sonnid am y pethau hynny yn naturiol. Eithr y pethau a gofiaf fi fwyaf ydyw yr adrodd straeon. Os byddai gŵr wedi pasio ei ieuenctid, am ddyddiau pell yn ôl y sgwrsid, troeon trwsgl eu dyddiau cynnar hwy. I lawer o bobl, hyd yn oed y pryd hynny, yr oedd peth fel hyn yn wamalrwydd ac yn dangos diffyg sylwedd mewn cymeriad, ond i mi mae'n un ochr ar ddiwylliant. Diwylliant ysgafn efallai, ond nid bob tro. Yr oedd gan y bobl yma ddawn i adrodd stori'n gelfydd, a weithiau y dull yr adroddid hi ac nid y stori ei hun a roddai fodlonrwydd. Cofiaf mor feirniadol y byddai fy rhieni o rai na allai adrodd stori yn gelfydd, a chymaint diflastod fyddai gwrando arnynt. Nid ydym yn sylweddoli peth mor anodd yw gwneud stori'n diddorol wrth ei hadrodd neu ei hysgrifennu.[8]

Mor ddiweddar â dechrau'r ugeinfed ganrif roedd trigolion Eryri yn hoff o adrodd straeon. Roedd rhai o'r straeon yn hen ac yn enghreifftiau o themau rhyngwladol; roedd eraill yn straeon digri cyfoes, yn perthyn yn arbennig i'r ardal. Cyfeiriodd Syr Ifor Williams at y stori sy'n egluro enw Llwyn y Ne' yng Nghlynnog.[9] Gellir ei olrhain i gasgliad o bregethau Iago o Fitri a fu farw yn 1240. Roedd y stori yn hen yr adeg honno ac mewn llyfr y gwelsai Iago hi. Gellir olrhain fersiwn hŷn ar y stori at Maurice de Sully, Esgob Paris (1160-1196).[10]

Hyd yn oed yn y blynyddoedd cyn yr Ail Ryfel Byd roedd cystadleuaeth "deud c'lwydda" yn boblogaidd iawn ymhlith chwarelwyr Dinorwig ar ddiwrnodiau gwlyb pan fyddid yn gorfod aros yn y caban am oriau. Câi'r sawl a fedrai adrodd straeon celwydd golau yn gelfydd glod mawr.

Yn ôl J. E. Caerwyn Williams:

> (Ni) . . . cheir llenyddiaeth lafar yn unman yn Ewrop heddiw oddieithr mewn rhanbarthau lle y mae'r bobl wedi eu gadael ar ôl yn y datblygiad cyffredinol oherwydd eu bod yn cael eu hynysu, rhanbarthau lle y mae rhai galwedigaethau yn peri i bobl ddibynnu ar draddodiadau llafar am adloniant yn hytrach nag ar gyfryngau diweddar, ie, a rhanbarthau lle y mae rhaid i hen ffurfiau ar ddiwylliant y bobl gydadfer am ddiffyg addysg ddiweddar.
>
> A dyma'r union ranbarthau lle y ceir chwedlau gwerin.[11]

Mae cefndir cymdeithasol llên gwerin yn un tra arbennig. Gwelir rhai nodweddion cyson sydd yn ein cynorthwyo i ddeall sut y mae rhai o'r hen arferion yn dal yn fyw. Hyd at ganol y bedwaredd ganrif ar bymtheg roedd y nodweddion angenrheidiol hyn yn bresennol yng nghefn gwlad Cymru. Cyn dyfodiad y rheilffyrdd ni bu unrhyw ddylanwadau chwyldroadol ar fywyd hunan-gynhaliol cefn gwlad. Nid oedd angen ar y cymunedau lleol i'w rhoi ei hunain yn agored i ddylanwadau allanol. Bywyd mewnblyg ydoedd, yn dibynnu ar ei gynheddfau ei hun. Creodd gymdeithas unedig a oedd ar wahân yn gymdeithasol a daearyddol. Treuliai'r gwladwr ei fywyd ar ei filltir sgwâr. Rhannai pobl a drigai fel hyn ar fawndir y mynydd neu mewn dyffryn unig yr un diddordebau a rhaid bod y teimlad o berthyn i gymdeithas yn real iawn.

Daeth etifeddiaeth ddiwylliannol y gorffennol i feddiant pobl Eryri. Gwnaed hyn yn bosibl oherwydd bod yr un teuluoedd wedi byw yn yr ardal am ganrifoedd, ffaith na ellir ond rhoi'r pwys mwyaf arni wrth ystyried parhad unrhyw ddiwylliant. Mae allwedd y parhad yn natur y gymdeithas. 'Cwlwm adnabod' ydyw.

Hanfod byw yn hapus mewn ardal fynyddig, agored fel hyn oedd ymddiriedaeth y naill yn y llall. Roedd cysylltiadau cymdeithasol pobl y wlad, yn hytrach na bod ar wasgar blith-draphlith ymysg llu o bobl fel yn y gymdeithas ddiwydiannol heddiw, yn gyfyngedig i'r gymuned leol. Roedd y tir a'i ffordd o fyw yn rym a unolai, oherwydd er bod crefftau amaethyddiaeth yn niferus ac amrywiol medrid hwy gan y rhan fwyaf o ffermwyr, gweision ffermwyr, a hyd yn oed grefftwyr annibynnol a mân-siopwyr a oedd yn aml yn feibion fferm neu'n dyddynwyr eu hunain. Nid oedd y rhaniadau a ddaw o swyddi tra gwahanol i'w cael. Meithrinid agwedd gyffredin tuag at fywyd gan unoliaeth y gymdeithas. Ar wahân i'r tirfeddianwyr, a ddieithrodd fwy a mwy oherwydd iaith a chrefydd, roedd bywyd cefn gwlad Cymru, hyd ganol y bedwaredd ganrif ar bymtheg, yn bendant werinol ei gymeriad.

Roedd llawer o blaid cadw 'cymhortha' cymdeithas Gymraeg yr Oesoedd Canol hyd yn gymharol ddiweddar. Roedd cymunedau cydweithredol ar batrwm y 'cymhorthau' traddodiadol yn nodweddu economi'r tyddyn tan ledaeniad diweddar amaethu mecanyddol. Ar raddfa lai mae'r un egwyddor i'w weld o hyd ar ddiwrnod cneifio pan fydd cymdogion o ffermwyr yn cynorthwyo'i gilydd mewn gwaith a fyddai'n amhosib i un ar ei ben ei hun. Yn wir mae dibyniaeth ar gymorth tymhorol gan gymydog gyda gwaith y fferm yn un o nodweddion amlycaf y gymdeithas werinol. Nid oes ond eisiau edrych ar Iwerddon i brofi hyn. Yr uned waith oedd y ddolen gyswllt rhwng y ffermwr a'r tyddynwr, a hwn, uwchlaw popeth arall, oedd nodwedd bywyd y cyfnod hwnnw a lynodd yn nychymyg y bobl. Rhoddai cydweithio yn y cynhaeaf hwb i gyfeillgarwch, ymwybod ag ymdrech unedig a theimlad o gwmnïaeth ac agosatrwydd a roddai fodlonrwydd dwfn i'r rhai a weithiai ynghyd. Y diwrnod gwaith oedd dull cyfnewid y wlad hyd yn gymharol ddiweddar. Anaml iawn y byddai arian yn pasio rhwng ffermwr a chymydog.

Gynt roedd pob tŷ yn fyd bychan ynddo'i hun, ond chwalwyd hyn yn sgil lledaeniad diwydiant y trefi mawrion a pherffeithio llinellau cynnyrch nes nad oedd angen am gydweithrediad yn y wlad: gellid prynu cynnyrch un ffurf, unlliw, parod y dref. Nid yw'r 'amaethdy bellach ond amaethdy a'r bwthyn ond lle i fyw ynddo'. Gynt roedd angen mawr ar i ffermwyr gynorthwyo'i gilydd – o deilo gyda berfâu i gludo ceirch i'r cilin a thorri mawr. Ychydig os dim cyfnewidiad fu yng nghyflwr pobl gyffredin Ardal Eryri rhwng canol yr unfed ganrif ar bymtheg a chanol y ddeunawfed ganrif. Yn wir yr un bobl oeddynt yn eu hanfod a'r Cymry a ddisgrifiodd Gerallt Gymro yn y ddeuddegfed ganrif. Bu mwy o newid yng nghefn gwlad yn y can mlynedd a hanner diwethaf nag yn y pymtheg canrif blaenorol.

Canolfan cymdeithas o'r fath oedd yr aelwyd unigol. Ni ellir anwybyddu pwysigrwydd canolog yr adrodd o gwmpas yr aelwyd heb gofio am statws yr aelwyd a'r allor-dân yn y traddodiad Indo-Ewropeaidd ac mewn traddodiadau eraill. Nododd Alwyn D. Rees bwysigrwydd 'traddodiad yr aelwyd' yng ngorllewin Ewrop o'i gymharu â 'thraddodiad y popty' yng nghanolbarth Ewrop, lle'r oedd y bwrdd, yn hytrach na'r lle tân, yn ganolbwynt cymdeithasol. Yr aelwyd unigol yw'r elfen bwysicaf yn adeiladwaith y gymdeithas wledig Gymraeg ar hyd y canrifoedd:

> . . . mae cymdeithas wasgaredig yn bod yn ucheldir Cymru sydd nid yn unig yn gallu gweithredu heb unoliaeth canolfan cymdeithasol ond sydd, fe ymddengys, yn gwrthwynebu pob ffurf ar ganoli grym. Aelwyd y fferm unig *yw'r* canolfan cymdeithasol. Nid aelodau ar ymylon cymdeithas ganolog mohonynt ond unedau ynddynt eu hunain ac y mae eu huno yn grwpiau cymdeithasol yn dibynnu ar y berthynas uniongyrchol rhyngddynt yn hytrach na'u tuedd i gasglu o gwmpas un ganolfan. Nid amgylchoedd y dref neu'r pentref mo'r uned gymdeithasol draddodiadol hon; cefn gwlad ydyw . . . [12]

Hyd ddechrau'r bedwaredd ganrif ar bymtheg roedd y mynydd-dir yn cychwyn gyda'r gweundir tua phedwar can troedfedd uwchlaw'r môr. Ym mhlwyf Llanrug roedd y giât mynydd ym Mhen-isa'r-rhos ac ym Mhenisa'r-waun ym mhlwyf Llanddeiniolen. Ychydig iawn o'r tir uwchlaw hyn oedd wedi ei gau.

Tua 1780 cawn Jeremia Gruffudd, curad Llanrug, yn cofnodi bod bythynnod yn cael eu codi ar dir y goron, uwchlaw'r wal fynydd. Yn fuan wedyn dechreua enwi chwarelwyr ymhlith y plwyfolion. Caewyd y tir cyn hyn yn Nyffryn Nantlle oherwydd gwaith copor Drws y Coed a Chwarel y Cilgwyn. Dywedir bod deuddeg tafarn yn Nyffryn Nantlle erbyn canol y ddeunawfed ganrif.[13] Ceir peth o hanes cau'r tir comin yn ardal Rhosgadfan gan Dr Kate Roberts.[14]

Bu peth gweithio mewn chwareli bychain yn Ardal Eryri er yr Oesoedd Canol, ond ni ddechreuwyd eu gweithio yn drefnus nes sefydlu ffyrdd da i Eryri o 1750 ymlaen. Yr arloeswr oedd Richard Pennant yn y Penrhyn yn 1765. Dilynwyd ef gan Assheton-Smith yn Ninorwig yn 1809 a thua'r un pryd tyfodd chwareli Nantlle a Ffestiniog.

Gan fod ardal y chwareli yng nghanol Eryri anghysbell, ni ddaeth yr un Sais yno i weithio. Am yr un rheswm, ni thrafferthodd Saeson o'r tu allan fuddsoddi ynddynt, ar wahân i Ffestiniog efallai, gan adael hyn i'r tirfeddiannwr lleol. Oherwydd hyn mae chwarelydda, ar un ystyr, y mwyaf Cymraeg o'r holl ddiwydiannau Cymreig. Yn dilyn twf y chwareli sefydlwyd pentrefi Cymraeg eu hiaith a chadarn eu diwylliant.

Yn 1831 diddymwyd y dreth ar lechi a glo a bu cryn gynnydd yn y diwydiant llechi. Ar y pryd roedd 1,200 yn gweithio yn Chwarel y Penrhyn ond erbyn canol y ganrif roedd tua 2,000 a thua'r un faint yn Llanberis. Yn 1833 roedd Chwarel y Cilgwyn ac eraill o chwareli Dyffryn Nantlle yn cyflogi dros 700. Ymddengys mai'r degawd ar ôl diddymu'r dreth lechi oedd cyfnod y cynnydd mawr. Yn ystod y blynyddoedd hyn chwyddodd poblogaeth Sir Gaernarfon ddau ar hugain y cant – tua dwywaith graddfa siroedd eraill y gogledd. Cyrhaeddwyd yr uchafbwynt ar ddiwedd y bedwaredd ganrif ar bymtheg a dechrau'r ugeinfed pan oedd 15,000 o chwarelwyr yn gweithio yn chwareli gogledd Cymru.

Roedd y boblogaeth chwarelyddol hon yn sefydlu ei phentrefi ei hun – plwyfi Anghydffurfiol newydd fel petai – llawer ohonynt yn tyfu o gwmpas, ac yn cael eu henwi ar ôl, y capel cyntaf a godwyd. Gwelir hyn mewn enwau megis Cesarea, Carmel a Nasareth. Canfu gweithwyr Chwarel y Penrhyn, er enghraifft, bod pentref-patrwm Arglwydd Penrhyn yn Llandygái yn rhy bell a chodasant dai iddynt eu hunain o gwmpas capel Bethesda, wrth droed y chwarel. Erbyn chwedegau'r bedwaredd ganrif ar bymtheg roedd i bentref Bethesda o bum i chwe mil o drigolion. Ym mhlwyf Llanberis gadawyd yr hen bentref a chodwyd Llanberis newydd ar lan deheuol Llyn Padarn ac Ebeneser ymhellach i'r gogledd ym mhlwyf Llanddeiniolen. Codwyd rhai o'r pentrefi a'r mân gasgliadau hyn o dai gan y chwarelwyr eu hunain ar y tir comin. Er enghraifft, erbyn 1826 roedd Rhosgadfan wedi tyfu yn bentref gwasgarog o gant a deugain o dai a thri chapel; saith gant o bobl yn byw heb dalu dimai o rent ar y tir comin, ar ôl cychwyn fel tai unnos.

Bu Eryri ar wahân am ganrifoedd oherwydd ei hiaith a'i ffyrdd gwael ond yn awr dyma ddylifo i'r ardal a'r boblogaeth yn chwyddo ar raddfa eang. Gellid disgwyl na fyddai cymdeithas ddiwydiannol y chwareli yn cynnal y traddodiad llafar. Eto dyna ddigwyddodd.

Fel y nodwyd eisoes, cynnyrch y gymdeithas yw'r stori werin. Mae'n ffynnu tra bo'n cyflawni rhyw swyddogaeth. Camgymeriad fyddai meddwl mai dim ond yng nghefn gwlad amaethyddol y gorffennol y ceid y cefndir cymdeithasol a diwylliannol angenrheidiol. Cymdeithas glos yw asgwrn cefn y diwylliant gwerin ac nid peth cyfyngedig i'r wlad yn unig mo hyn. Hanfod y gymdeithas oedd ei chwlwm clos ynddi ei hun. 'Dyma'r adnabod sy'n creu.'[15] Gellir cael llên a straeon gwerin mewn cymdeithasau trefol:

> Oherwydd mewn cymdeithas fewnblyg fel hyn, ble mae syniad o deulu a chymdogaeth yn sylfaenol, ac sydd, hyd yn oed heddiw, yn hunan-gynhaliol i raddau helaeth, mae llawer math o draddodiad yn aros ac yn tyfu.[16]

Ymhellach:

> . . . gall yr ysfa i ddweud straeon fod mor gryf yn y cymdeithasau trefol hyn ag ydoedd mewn cymdeithasau llai cymhleth yn y gorffennol, a gellir canfod llên gwerin mewn dillad cyfoes yn ein dinasoedd.[17]

Cyfeiriodd Lynn Davies at nifer helaeth o straeon, credoau a ffraethinebau a gasglwyd ymhlith gweithwyr mwynfaol Cymru.[18]

Creodd pentrefi newydd y chwarelwyr gymdeithas gwbl arbennig yn Ardal Eryri hyd yn ddiweddar. Parhad mewn cymdeithas weithfaol o hen agosatrwydd cefn gwlad ydoedd. Dyma ddisgrifiad diweddar o fywyd ar dyddyn yn Nyffryn Nantlle ar dro'r ganrif:

> . . . Fe ddywedwn i bod bywyd tyddynnod yr ucheldir a'r llechweddau mewn dydd a fu yn fywyd caled ond clyd, yn fywyd unig ond cymdogol, yn fywyd di-foeth ond cyfoethog ac yn fywyd Cymreig a Chymraeg, a'r holl agweddau hyn iddo yn ymgymhlethu i greu bywyd cyflawn, clos.[19]

Chwarddai pawb am ben y stiward pan lwyddid i 'sboncio' o'r chwarel; cyd-ffieiddid y cynffonwyr; unent â'i gilydd i dynnu bywoliaeth o dir gwael y tyddynnod er mwyn chwyddo cyflog isel y chwarel; gwnâi pawb ei ran yn y cyfarfodydd elusennol er cynorthwyo'r anffodusion yn eu plith. Roedd byw yn frwydr barhaus ond creodd gymdeithas a weldiwyd ynghyd oherwydd cynni. Nid pobl wan-galon oeddynt: ysent i drechu eu hamgylchiadau, a dyma'r hyn sy'n nodweddu cymeriadau Dr Kate Roberts, cofiannydd a prif ladmerydd y gymdeithas. Un drych o agosatrwydd y gymdeithas oedd y llysenwau a'r holl dynnu coes a ddeilliai o hynny. Mewn cymdeithas mor glos roedd pawb yn adnabod ei gilydd yn dda ac yn hynod gyfeillgar â'i gilydd fel rheol.[20]

Ffurfiodd y chwareli gymdeithas sefydlog, glos. Dyma ddisgrifiad Dr Kate Roberts ohoni:

> Clywir llawer o sôn am y gymdeithas glos a oedd yn bod ar un adeg yng Nghymru. Ni allaf siarad ond am fy ardal fy hun, ac yr oedd y gymdeithas yno yn glos ac yn ymddibynnol. Un peth sy'n gwneud cymdeithas yn glos ydyw ei bod yn aros yn ei hunfan o genhedlaeth i genhedlaeth heb grwydro. Rhaid i ddynion gael diddanwch ac yr oedd diddanwch pobl ddigrwydro y naill yn y llall. Nid awn i dai ein gilydd cyn amled heddiw am fod gennym bethau o'r tu allan i ni ein hunain i'n diddanu.[21]

Ardal unig, bell o'r byd ydoedd, ac ardaloedd o'r fath yw cynefin chwedl, coel, arfer a thraddodiad hen. Yno y meithrinwyd chwaeth at rigwm, pennill, stori, hanes a dychymyg byw. Gan nad aflonyddid arnynt gan ddylanwadau dieithr ac estronol, dalient yn dynn wrth yr hen goelion ac arferion. Porthir dychymyg gan hen goelion, a glŷn arferion yn hir lle ni byddo anesmwytho ar hen fywyd cymdeithasol ardal.

Roedd yn y gymdeithas dawel a fodolai yng nghefn gwlad Cymru gynt geidwadaeth oedd yn safoni a chadw. Ym mywyd y werin mae'r ffactorau o blaid cadw'r dulliau traddodiadol yn ymddibynnol a chynyddol. Rhoddir i'r bywyd cymdeithasol lleol werth mawr yn rhinwedd amlder a natur bersonol y cysylltiadau cymdeithasol. Oherwydd yr hyn a welir yn gyson yn y bywyd gwerin yw'r modd y mae nifer cymharol fath o bobl yn ymgymryd â nifer fawr o swyddi – yn economaidd, crefyddol, diwylliannol, gweinyddol a defodol. Mae'r geidwadaeth o blaid cydffurfiaeth mewn cymdeithas o'r fath mor gryf nes bod anghydffurfwyr yn eithriad. Mae ffasiynau newydd mympwyol yn perthyn i gymdeithas y ddinas fawr, gyda'i dylanwad amhersonol ac anuniongyrchol ar fywyd yr unigolyn. Ni ellir eu dychmygu yn y gymdeithas wledig gadarn lle tanseilir unrhyw ffasiwn newydd gan ymddibyniaeth y gwerinwr ar ei gymdogion a'i deulu. Dylid rhoi'r pwys mwyaf ar geidwadaeth naturiol y werin wrth ystyried parhad hen draddodiad sefydlog.

Gwelir y geidwadaeth weithredol hon yn *Riding the Stang* yr Alban a gogledd Lloegr, *Skimmington* neu *Skimmety* de-orllewin Lloegr, a *Rough Band* de-ddwyrain Lloegr. Yma arferai criw o lanciau ifanc fynd o gwmpas yn curo padelli haearn ac yn y blaen, pan anghymeradwyent briodas, neu ŵr yn curo ei wraig, neu anffyddlondeb. Roedd yn bod ym Mhrydain oll ar un adeg, fe ymddengys, ac roedd yn ddull o safoni moesau'r gymdeithas. Tebyg yw tystiolaeth Alwyn D. Rees: Yn Sir Drefaldwyn, pan anghymeradwyid i ferch o'r pentref ganlyn dieithryn ymosodid arno neu tynnid ei goes yn ddidrugaredd.[22] Yn siroedd Caerfyrddin a Phenfro y 'Ceffyl Pren' neu'r 'cel' oedd dull y werin o amlygu ei gwg – ar droseddwyr moesol gan amlaf:

> Ym mrawdlys Hwlffordd ym 1856 dedfrydwyd amryw i fis o garchar am 'ymosodiad cyffredin' ar hen ŵr deuddeg a thrigain oed. Credai ei wraig ei fod yn hoffi dynes arall ac felly dringodd nifer o ddynion i'r tŷ drwy ffenestr pen y grisiau un noson; llusgwyd ef allan a'i glymu ar ysgol. Yna cariwyd ef drwy'r dref gyda'r rhialtwch mwyaf. Yn ffodus rhyddhawyd ef gan blismyn cyn iddo orfod ateb i'r dewis rhwng cael ei daflu dros y bont i'r afon neu dalu am hanner baril o gwrw iddynt![23]

Yn Ardal Eryri hithau mae sôn am 'Gario Ceffyl Pren':

> Disgyblaeth lem oedd hwnnw ar y pâr priodasol a annghofient eu llw

wrth yr allor i'r fath raddau ag i ymryson ac ymladd â'u gilydd. Pan ddeallid fod anghydfod mewn tŷ, elai holl lebanod yr ardal tuag yno, gan oernadu, a dodid un o honynt ar y ceffyl, yr hwn a gludid gan bedwar o ddynion cryfion a phenwan. Byddent ar adegau yn adrodd rhyw rigwm pen bawd tebyg i'r un canlynol:

HOLWR:	Am bwy'r wyt ti'n marchogaeth?
ATEB:	Am ddeuddyn o'r gymdogaeth.
H:	Pwy yw'r rheiny'r Cymro?
A:	Twm ac Ali Beuno.
H:	Ydyw Ali'n curo'n arw?
A:	Mae hi bron a'i ladd e'n farw;
	Rhwng y ferch a hithau
	Mae'r gŵr yn las o'i gleisiau.

Dywedir y byddai'r ceryddgwlad hwn yn gyffredin iawn yn ateb y diben, ac na byddai angen y cerydd hwn ar yr un rhai ond unwaith mewn oes.[24]

Roedd criw tebyg i'r *Rough Band* i'w gael yn Iwerddon ac Awstralia hefyd, yn arbennig pan briodai hen ŵr â merch ifanc.

Mae tuedd o fewn cymunedau bychain – a thuedd fwy adeiladol na'r uchod – i gymhlethu amgylchiadau eu bywyd a'u gwneud yn fwy diddorol. Mae hyn yn egluro llawer ar y tueddiadau diddanu sydd mewn diwylliant. Dyma sy'n egluro pam bod swydd hanfodol economaidd megis cneifio yn troi yn gyfle i adrodd straeon, tynnu coes a sgwrsio.

Roedd y *céilidh* yn sefydliad pwysig yn Ynysoedd yr Hebrides, fel yn Iwerddon, ac âi'r ymwelwyr i'r un tŷ noson ar ôl noson, flwyddyn ar ôl blwyddyn, gan eistedd yn yr un lle o gwmpas y tân agored a gadael yr un pryd. Yn ôl Tomas O Broin, pennid y *tŷ áirneán* yn Mionloch ar ddechrau'r tymor ac anaml y newidid ef wedyn. Byddai ambell deulu yn ymddiddori mwy na'i gilydd mewn cyfarfodydd o'r fath a diau y byddai hynny'n bwysig wrth ddewis y 'teach céilidhe' – y tŷ lle cynhelid y *céilidh* neu'r *áirneán*. Os byddai storïwr arbennig yn wael byddid yn trefnu mynd i'w dŷ ond gan amlaf byddai'n well ganddo beidio â chwedleua yn ei dŷ ei hun.

Yng Nghymru hithau roedd y Noson Lawen wedi hen ennill ei phlwyf. Rhoddodd Glasynys ddisgrifiad byw iawn o noson o'r fath, ac er nad yw'r disgrifiad yn ffeithiol gywir efallai, llwydda i gyfleu hanfod nosweithiau o'r fath: yr hwyl a geid yn canu'r sturman, y crwth a'r delyn, yr adrodd straeon a sgwrsio a'r dawnsio.

Gan amlaf cynhelid y Nosweithiau Llawen ar nosweithiau ar wahân i'r gwyliau sefydlog. Yn ôl Charles Ashton, cynhelid hwy fynychaf mewn tai tafarn lle deuai'r ifanc ynghyd i ddawnsio i gyfeiliant y telynor a'r crythor. Dro arall cynhelid y Noson Lawen mewn tŷ. Ysgogiad mynych i noson o'r fath oedd ymadawiad un o drigolion yr ardal, neu ddychweliad. Ond ni fu fawr o lun ar y nosweithiau hyn ar ôl ugain mlynedd cyntaf y bedwaredd ganrif ar bymtheg: 'Ciliasant rywfodd o flaen dylanwad yr Ysgolion Sabbothol a lledaeniad cyffredinol Beiblau yn y wlad'.[25] Cofiai Hugh Evans ambell Noson Lawen yn ardal Llanuwchllyn. Cyfarfod ymadawol ydoedd yn aml meddai yntau, er y cynhelid rhai er diddanwch yn unig.[26] Tystia Hugh Evans i gywirdeb disgrifiad Glasynys drwy ddweud mai tebyg oedd y noson ym mhob rhan o Gymru.

Roedd adrodd straeon yn rhan annatod o'r hen Noson Lawen ym Meddgelert, fel y cyfeiriwyd eisoes yn atgofion William Jones (Bleddyn). Clywsai ugeiniau o'r straeon a adroddid yn y cyfarfodydd hyn cyn ei eni ef.[27] Cynhaliodd Nansi Richards (Telynores Maldwyn) hithau Noson Lawen yn Hafod y Porth ger Beddgelert. Yn ystod y noson naturiol oedd cael 'storïau pertaf Gwynedd o enau Caerwyn, Bob Owen a llu o'u cymrodyr', rhwng y canu a'r dawnsio.[28] Roedd straeon bwgan yn rhan bwysig iawn o'r noson lawen, ac mae'n sicr bod rhai o'r storïau yn hen iawn.[29]

Naturiol fyddai disgwyl adrodd straeon mewn noson o'r fath. Ceid hynny yn y *céilidh* yn yr Alban, cytras y Noson Lawen Gymraeg. Gair am ymweliad ffrindiau yw 'céilidhe', ymweliad gyda'r nos; a thyfodd yn ddiweddar yn Iwerddon i olygu dawnsio a chyngerdd anffurfiol gyda'r nos – fel y 'Noson Lawen' a geir yn awr. Yn yr Alban hefyd daeth i olygu cyngerdd anffurfiol. Ond rhoddodd Alexander Carmichael ddisgrifiad o'r *céilidh* Albanaidd pan oedd yn sefydliad pwysig a byw:

> Diddanwch llenyddol yw'r *céilidh* lle'r ymarferir ac yr adroddir straeon a chwedlau, cerddi a baledi, lle cenir caneuon, lle gosodir posau, lle dyfynnir diarhebion ac yr adroddir a thrafodir llawer deunydd llenyddol arall. Mae'r sefydliad hwn yn arbennig o gymwys i feithrin pennau a chynhesu calonnau pobl ddeallus, hael.[30]

Yn ôl Carmichael roedd gwŷr, gwragedd a phlant yn mynychu'r *céilidh* Albanaidd.

Parhaodd traddodiad y *céilidh* hyd yn gymharol ddiweddar. Bu Kenneth Jackson mewn nifer o *céilidh* lle roedd pawb yn casglu ynghyd mewn tŷ arbennig ar hirnos gaeaf i adrodd chwedlau. Ond yn ddiweddar dirywiodd y traddodiad yn yr Alban ac yn Nova Scotia. Erbyn canol y ganrif hon nid oedd ond Jackson a'r hysbyswr i fynd dros yr hen straeon, yn hytrach na chynulleidfa astud a beirniadol.[31] Dywed Ó'Duilearga yntau bod y *céilidh* i'w weld yn y Gaeltacht mor ddiweddar â 1945 ond eu bod yn prysur ddiflannu oherwydd dylanwad y radio.[32]

Ar wahân i'r nosweithiau adloniadol pur hyn roedd hefyd nifer o nosweithiau lle cyfunid gwaith a difyrrwch. Dyma weithredu tuedd y gymuned fechan i gymhlethu amgylchiadau ei bywyd a'u gwneud yn fwy diddorol eto. Yn ôl Charles Ashton:

> Y mae rhyw sefydliad yn fyw hyd heddyw yn mhlwyf Llanuwchllyn . . . ag sydd yn peri i ni feddwl am nosweithiau llawen ein hynafiaid. Hwyrach ei fod yn perthyn i leoedd eraill hefyd, er na chlywsom ni am dano. 'Ffrâm' ydyw enw y sefydliad, ond nis gwyddom paham ei galwyd ar yr enw hwn. Cynhelir y 'ffrâm' ar gylch, yn y tŷ hwn heno ac yn y tŷ acw y tro nesaf. Ymgynulla rhyw gynifer o gyfeillion yn nghyd, y gwragedd yn gwau hosanau ac yn adrodd ystraeon, a'r gwrywiaid uno yn y gwaith olaf o leiaf . . . Ar ôl gweu a siarad am rai oriau, gorchuddir y bwrdd â swper cystal ag y caniata y cwpwrdd iddo fod. Ac ar ôl i bawb wneud 'cyfiawnder' . . . â'r danteithion, ac ar ôl ychydig o ymddyddan pellach, ymadawa pawb am eu cartrefleoedd.[33]

Enw ardal Llanuwchllyn ar y 'Noswaith Weu' oedd y 'Ffrâm'. Cofiai Hugh Evans yr olaf i gael ei chynnal yn ardal Llanuwchllyn:

> Cynhelir ambell Noswaith Weu yn fy amser i, ond yr oedd yr hen sefydliad annwyl yn dechrau edwino. Yr oedd y ddarlith, y cyngerdd a'r cyfarfod cystadleuol yn dechrau ennill eu lle, a'r hen ffurf ar adloniant o dan ryw fath o gondemniad. Cofiaf yn dda iawn un Noswaith Weu yn fy hen gartref pan oeddwn hogyn bach, fy nain yn llywyddu . . . Yr wyf yn meddwl mai dyna'r un olaf a gynhaliwyd yng Nghwm Eithin, ac efallai yr olaf yng Nghymru.[34]

Gwahaniaetha Hugh Evans rhwng y Noson Weu a'r Noson Lawen drwy ddweud mai yn y ffermdai mawr y cynhelid y Nosweithiau Llawen, lle gellid dawnsio ac ati, ond gellid cynnal y Nosweithiau Gweu ym mythynnod y llafurwyr:

> Pan benderfynai teulu gael Noswaith Weu, y gwaith cyntaf oedd

penderfynu pwy i'w gwahodd. Dibynnai'r nifer ar faint y tŷ, ac adnoddau'r gwahoddwyr. Fel rheol merched a llanciau ieuainc fyddai'r gwahoddedigion. Byddai gwraig y tŷ wedi bod yn brysur trwy'r prynhawn yn paratoi'r wledd, gwneud 'leicecs' a chrasu cacen ar y radell, ac un o'r plant wedi bod yn y pentref yn nôl torth wen a phwys o siwgwr lôff, ac erbyn y deuai'r gwahoddedigion byddai popeth yn barod. Y merched a ddeuai i mewn gyntaf. Arferai'r llanciau loetran ychydig ar ôl. Pan geid pawb i eistedd, gwelid y merched i gyd yn hwylio i weu, pob un â'i hosan a'i gweill a'i phellen edau, a deuai ambell lanc â'i weill a'i bellen edau i weu gardas er mwyn hwyl. Ond ychydig iawn dyfai'r sanau yn y Noswaith Weu, oherwydd byddai straeon digrif y llanciau a'u gwaith yn tynnu'r gweill o dan y pwythau yn eu rhwystro.

Gofelid bob amser am gael digrifddyn neu un da am ddywedyd straeon, a cheid toreth o straeon Tylwyth Teg a straeon am ysbrydion. Fel rheol adroddid digon o'r diwethaf i beri gormod o ofn ar y merched fyned adref eu hunain, a châi'r llanciau esgus i fyned i'w danfon.[35]

Yn Ardal Eryri, cofiai William Jones yntau Noswaith Weu yn ardal Beddgelert. Yn y cyfarfodydd hyn roedd cân a stori yn hanfodol.

Ond nid gweu oedd yr unig weithgareddu a ddygai bobl ynghyd fel hyn. Ceid Noson Gardio a Philnos hefyd, y naill i gribo gwlân a'r llall i blicio brwyn ar gyfer canhwyllau. Yr enw ar noson o'r fath yn ardal Llanaelhaearn sydd eto o fewn ffiniau Eryri oedd Pilnos:

> Cedwid chwedlau yn fyw ym mhlwyf Llanaelhaearn gan y sefydliad a elwir yno 'pilnos' . . . pan ddeuai'r cymdogion ynghyd yn nhai y naill a'r llall i dreulio nosweithiau hir y gaeaf yn paratoi cywarch a chribo gwlân, er y tybiaf mai'r noson y cyfarfyddai pobl i bilio brwyn ar gyfer canwyllau brwyn oedd y *bilnos* yn wreiddiol. Pan adawent y cyfarfodydd llawen hyn fel y dywed Mr Hughes roeddent yn barod i weld unrhyw beth. Yn wir rhydd enghraifft o bobl yn dod o *bilnos* ar draws y mynydd o Nant Gwrtheyrn i Lithfaen yn canfod y tylwyth teg yn canu a dawnsio eu gorau glas; denwyd hwy i'w canol ac yn y bore cawsant eu hunain yn unig ar y grug.[36]

Ceir cytras i'r math yma o noson, yn cyfuno gwaith a difyrrwch, yn *áirneán* Iwerddon:

> Yn y gaeaf pan na fydd y dydd yn hir iawn, byddid yn gweithio, yn

nyddu, yn cribo gwlân, etc., ar ôl i'r nos ddyfod. Dyna oedd áirneán.[37]

Ysgafnheid y gwaith drwy adrodd storïau, canu ac ati ac aeth *áirneán* i olygu'r difyrrwch yn hytrach na'r gwaith. Prif elfennau yr *áirneán* oedd adrodd straeon: o straeon maith am y Fianna i chwedlau lleol am y tylwyth teg, canu lleisiol a chanu offerynnol.

> Nid adrodd stori neu ganu cân neu chwarae miwsig y bydd pobl ar hyd yr amser ar yr aelwyd yn amser áirneán, ond setlo'r byd, hanesydda, ac athronydda, sef rhoi ar ddeall eu hathroniaeth hwy eu hunain am y byd, neu roi trefn gyda'i gilydd ar y byd. Byddant neu byddai mintai yn ffraethinebu.[38]

Cyffelybodd Ó'Duilearga *áirneán* merched Ynysoedd Aran, lle cyfarfyddant ynghyd mewn tŷ arbennig, i'r arfer yn yr Almaen, y *spinnstube,* sef cyfarfod ynghyd i droelli neu gribo gwlân, yng ngolau'r tân yn aml.

Ceid hefyd nosweithiau gŵyl pan ddeuai pobl ynghyd i chwedleua a difyrru eu hunain. Gynt roedd i bob plwyf ei nawddsant ac roedd dydd ei ŵyl yn ddiwrnod arbennig iawn. Parhaodd y Gwyliau Mabsant hyd ugeiniau y bedwaredd ganrif ar bymtheg ond cyfnod eu bri mwyaf oedd y ddeunawfed ganrif. Rhoddodd Charles Ashton ddisgrifiad, digon rhagfarnllyd mae'n wir, o rai o'r gweithgareddau:

> Y dafarn agosaf i'r eglwys, ac nid yn yr eglwys ei hun, y cynhelid hwynt y pryd hyn; ac yn lle gwasanaeth crefyddol, ceid gloddest, meddwdod, canu masweddol, a dawnsio; tra yr ymgynullai lluaws o'r plwyfolion i chware pêl ar do yr eglwys.[39]

Yn ôl John Rhys nid oedd yn anghyffredin i Ŵyl Fabsant ddenu lawer mwy o bobl i blwyf nag oedd o le iddynt. Mewn rhannau o Ardal Eryri yr enw ar wely a wneir yn sydyn yw 'gwely g'labsant'. Dyma'r enw a ddefnyddiai Hugh Evans yntau ar wely a wneid pan fyddai dieithriaid yn y tŷ. Tyfodd yr Ŵylfabsant i fod yn ornest fabolgampau rhwng dau blwyf a barhâi am tuag wythnos. Yn ôl Robert Jones, Rhoslan, 'Parhâi y cyfarfod hwn yn gyffredin o brydnawn Sadwrn hyd nos Fawrth.[40] Yn ôl William Jones (Bleddyn) roedd y rhain yn dra phoblogaidd ym Meddgelert cyn ei eni ef.[41] Naturiol fyddai disgwyl adrodd straeon am y gorau mewn cyfarfodydd o'r fath, fel y ceid yn Iwerddon weithiau.

Ceid cytras i'r Ŵyl Fabsant yn y *Kermess* neu *Kirchmesse* a ddethlid ger Heidelberg. Bu John Rhys yn bresennol mewn dathliad o'r fath yn 1869 ond ni chofiai enw'r sant a gysylltid â'r '*Kermess*'. Prif nodwedd y dathlu Almeinig oedd danwsio ac yfed cwrw.

Roedd Nos Galangeua yn noson arbennig o dda i adrodd straeon am y tylwyth teg, ysbrydion ac ati. Roedd nifer o arferion â chysylltiadau goruwchnaturiol yn perthyn i'r noson, megis cynnau coelcerthi ar ben y bryniau ac ail gynnau tân yr aelwyd oddi wrthynt. Rhuthrid adref wedyn o flaen yr Hwch Ddu Gwta. Roedd nifer o arferion a chwaraeon ar yr aelwyd hefyd, megis codi afal o grwc dŵr â'r genau neu oddi ar ddarn o bren, a channwyll y pen arall, heb losgi. Teflid cnau i'r tân yr un noson i weld pwy fyddai farw – sef perchennog y gneuen na losgai. Erbyn 1890, fodd bynnag, roedd y noson wedi dirywio ym mhobman yng Nghymru i fod fel unrhyw noson arall. Roedd cynnau coelcerth fel hyn yn gyffredin yn Eryri, yn arbennig ardal Llanaelhaearn, hyd ddechrau'r bedwaredd ganrif ar bymtheg. Yno, ar ôl rhuthro adref o flaen yr Hwch Ddu Gwta, teflid cerrig i'r tân a chwilio amdanynt wedyn er mwyn cael lwc. Disgrifiodd Glasynys noson gyffelyb yn 'Noson Galangaeaf yn y Cwm' gan gyfleu pwysigrwydd a difyrrwch y noson gynt.

Noson arbennig arall pan ddeuai llawer ynghyd oedd Nos Galan:

> Dechreuent trwy ddisgwyl y flwyddyn newydd i mewn, gan ymdyru i dai ei gilydd i adrodd ystorïau a gwledda. Disgwyliai y plant am y Dydd Calan gyda llawer o bryder, oblegid elent yn lluoedd o amgylch yr ardaloedd cylchynol i 'hel calenig'. Ac er fod yr arferiad hwn wedi colli'r dydd yn y blynyddoedd diweddaf, eto clywir plant siroedd Caernarfon a Meirion, ar y boreu hwnw yn bloeddio:
>
> 'Nghalenig i'n gyfan ar fore Dydd Calan;
> Blwyddyn newydd dda i chwi.'
>
> Ac os na cheir dim eu dymuniad fydd:
>
> 'Blwyddyn newydd ddrwg,
> Llon'd y tŷ o fwg.'[42]

Dywedir yr arferai pobl ddod ynghyd ar Nos Nadolig hefyd i chwedleua a sgwrsio.

Fel mewn llawer gwlad roedd priodi a marw yn rhoi cyfle ardderchog i chwedleua yn Eryri gynt. Dyfynnwyd tystiolaeth William Jones eisoes yn sôn fel y cofiai nifer o Neithiorau yn ardal Beddgelert yn ei fachgendod ef, sef gwleddoedd a ddilynai wythnos ar ôl y briodas. Roedd lle canolog i gân a stori yn y gwleddoedd hyn. Yn ôl Charles Ashton, gyda'r nos diwrnod y briodas y cynhelid y neithior, a hynny yng nghartref y briodasferch, 'lle treulid y noson mewn cyfeddach, meddwdod, chwedleua, ymladd, ac mewn rhoddi anrhegion i'r pâr priodasol. Pa fodd bynnag y mae y . . . "Neithior" wedi mynd i blith y pethau a fu, er eu bod yn cael eu dal i fynu hyd ers ychydig flynyddoedd yn ôl.'[43]

Roedd yr Wylnos neu Bydreua hefyd yn sefydliad poblogaidd iawn yng Nghymru ar un adeg. Yn wir nid oedd ond yn adlewyrchu yr hyn oedd yn bod mewn llawer gwlad yn Ewrop. Gellir olrhain llawer o'r arferion cysylltiedig â'r ddefod yn ôl i gyfnod cynnar iawn. Roedd yr Wylnos mewn bri mawr yn sir Benfro yn y ddeunawfed ganrif. Yng Nghas-lai yn 1742 cyfeiriodd Howel Harris at yr arfer o 'gadw noson lawen â chorff marw'. Dywedodd fod hynny'n cythruddo Duw, nad oedd cymar i'r peth y tu yma i uffern, a'i fod yn waeth nag ymddygiadau'r Indiaid anwar a'r bwystfilod. Yn Nhrefdraeth, ymhen ychydig ddyddiau taranai'n enbyd yn erbyn y rhai a gadwai ddifyrrwch gyda chorff marw cyn yr angladd.[44]

Rhoddodd William Williams, Llandygái ddisgrifiad llawn o'r Wylnos yn Eryri yn ei gyfnod ef, yn dilyn dylanwad Methodistiaeth:

> Pan fo cloch y llan yn datgan fod rhywun wedi marw, gofynnir ar ei union pryd mae'r cynhebrwng i'w gynnal; ac yn ystod y noson cyn y dydd hwnnw daw'r cymdogion i gyd at ei gilydd i'r tŷ lle bo'r corff, yr hwn a alwant yn Tŷ Corff . . . Yna gosodir yr arch . . . ar stolion mewn rhan agored o'r tŷ â'i gorchuddio â lliain du, neu, os oedd yr ymadawedig yn ddi-briod, â chyfnas wen lân, gyda thair cannwyll yn llosgi arni. O ddod i mewn, syrth pob un ar ei liniau yn ddefosiynol gerbron y corff ac edrydd Weddi'r Arglwydd neu unrhyw weddi arall o'i ddewis wrtho'i hun. Ar ôl hyn, os yw'n smygwr, cynigir cetyn a thybaco iddo. Gelwir y cyfarfod hwn yr Wylnos ac mewn rhai mannau Pydreua. Pan fo pawb wedi ymgynnull darllena clerc y plwy y gwasanaeth cyffredin a ordeinwyd er Claddu'r marw: ar derfyn hwn cenir salmau, emynau a chaneuon duwiol eraill; ac oherwydd fod y Methodistiaeth mor gyffredin, cyfyd rhywun i siarad ar y pwnc pruddglwyfus ac yna ymadawa'r cwmni'n raddol.[45]

Tebyg yw tystiolaeth J. Dyfnallt Owen am yr arfer yn ardal Rhiwfawr.

> Daliodd 'yr Wylnos' ei gafael ar feddwl y gymdogaeth hyd ddechrau'r ganrif hon. Gweddill hen arfer Babyddol ydoedd. Gwelais ganhwyllau o gwmpas yr arch ragor nag unwaith. Yr oedd 'yr Wylnos' yn ddieithriad ymhob tŷ pa un a oedd yr ymadawedig yn

aelod ai peidio. Cenid a gweddiid fel mewn cyfarfodydd gweddïo eraill. Adwaenid ambell un fel pen gweddïwr na feddylid am ei alw i weddi ond yn olaf, am fod ei ddawn yn rhagori ar bawb arall.[46]

Yr un yw tystiolaeth Hugh Evans yntau. Ceid yr un arfer yn Eryri ac yn ôl un o'm hysbyswyr, W. J. Jones, Talmignedd Isaf, Drws y Coed, roedd Gwylnos i'w chynnal yng nghapel Drws y Coed pan chwalodd maen yr adeilad. Clywodd Elias Owen gan John Evans, Llanrwst am hen ŵr o blwyf Llandygái a arferai fynychu gwylnosau'r cylch fel canwr marwnadau. Telid iddo am ei waith, neu gwahoddid ef i gyflawni'r swydd. Dywedodd John Evans hefyd yr arferid cyflogi pobl i ganu marwnadau o'r fath a chofiai linellau o rai ohonynt. Clywodd Elias Owen hyn pan oedd John Evans tua trigain mlwydd oed, tua 1860[47]

Roedd pethau'n wahanol iawn yn y gwylnosau cyn dylanwad Methodistiaeth. Rhydd Robert Jones, Rhoslan ddarlun du iawn o'r chwaraeon a ddigwyddai yn y gwylnosau a sôn am un yn arbennig:

> Fe ddigwyddodd un tro mewn wylnos rhyw hen ferch, i'r chwarae barâu nes darfu y canwyllau: a phryd nad oedd ganddynt ond ychydig o lewyrch tân i chwareu cardiau wrtho; aeth rhyw langc eithaf rhyfygus, ac a gymmerth y corph yn ei freichiau (yr hwn oedd y pryd hynny heb ei roi mewn arch) gan wneuthur oerleisiau i ddychryn ei gyfeillion ynfyd; a bu mor drwstan a syrthio i lawr yn eu canol hwynt, a'r corph yn ei freichiau.[48]

Fel yr awgrymir uchod roedd digon o chwaraeon yn yr Wylnos, yn enwedig os mai hen lanc neu hen ferch oedd yr ymadawedig: nid oedd cymaint galar ar eu hôl. Weithiau tynnid pobl i fyny'r simdde gyda rhaff. Dro arall tynnid y corff. Meddai'r Dr Iorwerth Peate:

> Yn y ddeunawfed ganrif a dechrau'r bedwaredd ar bymtheg yn ardal Solfach, sir Benfro, ebr y diweddar H. W. Evans wrthyf, deuai'r cymdogion o bell ac agos, i gyd-alaru â'r teulu'r noson cyn yr angladd. Gosodid y corff – heb arch –ar fainc yn y gegin a'i draed at y tân. Gorchuddid ef â lliain a dysgl fetel ar ei fron. Deuai pob ymwelydd â channwyll , a'i gosod yn y ddysgl. Cydunai pawb i ganu, ac adrodd straeon. Tua chanol nos, âi dau neu dri o'r cwmni allan yn llechwraidd a dringo i'r to at y simne. Yna gollwng y rhaff i lawr y simne a gweiddi 'Chwerwen gul'. Yna cymerai un o gwmni'r gegin ben y rhaff a chlymu traed y corff wrtho, gan weiddi'n ôl wedyn, 'Chwarae'n barod'. Yna'n sydyn, tynnid y corff gerfydd ei draed i

fyny trwy'r simne a'i ollwng i lawr yr un mor sydyn, a'i roddi'n ôl ar y fainc.[49]

Dro arall ceid chwarae 'Bwbach Dallan'. Mewn un wylnos arbennig yng Ngelligaer 'aeth y "bwbach" yn erbyn coes y bwrdd, ar yr hwn y gorweddai y corff, a chyda hynny, dyma yr hen wraig yn codi ar ei heistedd!'[50] Roedd y 'Bwbach' wedi torri rhaff a gadwai gorff yr hen wraig rhag crymu. Roedd chwarae cardiau hefyd yn boblogaidd iawn mewn gwylnosau. Yn ôl Charles Ashton, 'hysbyswyd ni gan un a fu mewn gwylnos mewn tŷ ym mhlwyf

Llanymawddwy er's oddeutu 65 o flynyddoedd yn ôl, iddi weled y chwareuwyr, o ddiffyg bwrdd cyfleus, yn chwareu ar gauad yr arch.[51] Sylwodd Robert Jones, Rhoslan ar elfennau gwrthgyferbyniol yr wylnos ac meddai:

Yna darllenai y clochydd, neu rhyw un arall, ryw ranau o wasanaeth y claddedigaeth, er y byddai llawer o afreolaeth ac ysgafnder tra y cyflawnid hyny; ac wedi hyny, pob math o chwareyddiaethau a ddilynid hyd haner nos, neu ysgatfydd hyd ganiad y ceiliog.[52]

Mae'n amlwg bod adrodd chwedlau yn boblogaidd iawn yn yr wylnos. Yng nghyfres llythyrau Anna Beynon, sy'n honni disgrifio ardal Llandysul tua 1720, ceir yr hanes canlynol:

Fe fu farw Shann, Ty Clai, yn ddiweddar yn 90 oed. Nid oedd ganddi yr un plentyn yn y byd i alaru ar ei hôl, ond yr oedd Abel, ei hwŷr, bachgen 18 oed, yn llefain yn dost ar ôl yr unig ffrynd oed ganddo yn y byd. Fe fu yno ryw wylnos ryfedd ar ei hôl. Cafwyd cwrw yno o dafarn Nani Dan-yr-Allt, a buwyd yn adrodd hanes Twm Shon Cati ac yn yfed hyd hanner nos.[53]

Tebyg yw tystiolaeth Twm o'r Nant yntau am wylnos y bu ynddi:

Roedd cadw wylnos mewn tŷ corph hen wraig dlawd yn Sir Fôn, fe aeth rhai i ddarllain a chanu Salm i gyflawni'r hen ddefod, ond pan aeth hi'n ennyd o'r nos, fe aed i chware ac i ddweud ystrae, ac i sôn am ysbrydion, heb neb yn ystyried dim am fano, nac am farwolaeth yr hen wraig.[54]

Mewn llawysgrif o dde Penfro a sgrifenwyd tua 1800 cyfeirir at y chwedlau a adroddid yn yr wylnos:

> Yng ngwylnos 1800 yfid llawer o gwrw nes bod y cyfeillion yn 'hapus' (ar eu sbri) ac adroddid chwedlau am dolaethau, ysbrydion, bwciod, etc., tan yn hwyr y nos.[55]

Rhydd Elisabeth Williams hithau ddisgrifiad o'r hyn ddigwyddodd yn ardal Llanrwst, ar gwr Ardal Eryri tua dechrau'r bedwaredd ganrif ar bymtheg pan fu ei thaid farw:

> Cofiaf Richard fy mrawd yn adrodd hanes marw Taid Tynewydd. Deuai llu o ymwelwyr i'r bwthyn bach bob nos cyn yr angladd i gydymdeimlo â Nain ac i gadw gwylnos. Gosodid yr hen setl wrth y tân ac yna adroddid hanesion ysbrydion, hanesion tylwyth teg a hanes rhai wedi eu gwerthu eu hunain i'r diafol, a phawb yn credu'n gydwybodol yn y storïau i gyd.[56]

Sylwer ar y math o chwedlau a adroddid yn y cynulliadau hyn.
Roedd hefyd yn arferiad i adrodd chwedlau wrth wylio'r corff neu wrth 'aros ar 'n traed nos' neu 'wylad':

> Dyddora y cwmni eu gilydd yn gyffredin a storie am ganwyllau cyrff, teuluodd, ac arwyddion cyffelyb – y cyfan yn gweddu i'r amser a'r amgylchiadau.[57]

Yn Iwerddon roedd yr Wylnos yn boblogaidd iawn a chysylltid llawer o chwaraeon â hi – dros chwe ugain i gyd. Mewn ambell ardal, fodd bynnag, adrodd chwedlau yn unig a ganiateid. Gwylid gan amlaf am bedair awr ar hugain, os nad oedd y farwolaeth wedi digwydd gyda'r nos: os felly gwylid am wyth awr a deugain. Byddid yn mân siarad tan hanner nos, pan âi'r mwyafrif adref, gan adael rhwng dwsin a deugain i barhau'r wylnos. Ar ôl adrodd Paderau'r Forwyn Fendigaid dechreuai nifer o storïwyr ar eu chwedlau, pob un â'i fagad o wrandawyr. Roedd croeso mawr i storïwr da mewn Gwylnos. Disgrifiodd An Seabhae Micí na gCloch fel 'brenin yr holl storïwyr a gyfarfyddais erioed. Ni fyddai odid un wylnos yn y plwyf na fyddai'n bresennol. Gofelid rhoi sedd dda iddo yn ymyl y tân a chyn hir gofynnid iddo adrodd chwedl. Adroddai un, pump, deg tan y goleuai ac y dyddiai drannoeth.' Dywedir am Feidhlime na gCurls ei fod yn mynd i bob Gwylnos ac na pheidiai ag adrodd chwedlau am y Fianna o'r munud yr âi i'r tŷ ac eistedd yn ymyl y corff nes y byddai'n fore glas drannoeth. Yr oedd yr un peth yn wir am Padhraic Mac Donnchadha. Dywedir iddo adrodd chwedlau ddwy noson yn olynol ac iddo gysgu wedyn o nos Wener tan fore Llun pan ddeffrowyd ef gan gymydog. Pan aeth Mícheál Ó Sé i un Wylnos roedd y tŷ yn rhy fach ac aethpwyd i ben bryn cyfagos. Cyneuasant dân a bu'n adrodd chwedlau am y Fianna nes oedd yn gefn dydd golau. Roedd yr un hoffter o wrando chwedlau mewn Gwylnosau yn nodweddau Gwyddyl America hefyd.

Roedd yr Wylnos yn ddefod bwysig yn Hwngari hefyd. Yno parhâi'r Wylnos am wyth awr a deugain ac roedd y tŷ lle cynhelid yr Wylnos yn llawn o westeion. Parhaodd y ddefod hyd yn gymharol ddiweddar. Cyflogid storïwr i ddiddanu'r gwahoddedigion, a pho bwysicaf oedd yr ymadawedig, mwyaf oll yr angen am storïwr da. Edrychid ar yr Wylnos fel amgylchiad cymdeithasol, achlysur i gadarnhau rhwymau perthynas a chymdogaeth dda:

> Mae'r holl dystiolaeth yn unfryd nad oedd yr hen wylnos hen ffasiwn yn fynegiant o alar, ond yn hytrach yn gadarnhâd o ewyllys dda a brawdgarwch tuag at aelod o'r gymdeithas a oedd mewn argyfwng. Yn yr hen ddyddiau, felly, rhialtwch, gyda bwyta, yfed a dawnsio oedd prif nodwedd yr wylnos.[58]

Fel y gwelir yn gyson yn nhystiolaeth gwŷr megis William Jones a'r Parch. Robert Hughes, Llanaelhaearn yn *Celtic Folklore* Rhys, roedd cryn dipyn o adrodd straeon yn digwydd o fewn teuluoedd unigol gynt hefyd, a hynny ar eu haelwyd eu hunain. Anodd felly yw dychmygu amgylchiad na ellid ei droi yn gyfle i adrodd straeon. Rhydd Glasynys ddisgrifiad o noson o chwedleua fel hyn ar yr aelwyd yn 'Hywel Wynn yr Hafod'.[59]

Roedd nifer o bobl yn ymweld ag aelwydydd unig Ardal Eryri gan gyfuno crefft a chludo newyddion, hanesion a storïau:

> Arferiad sydd wedi parhau hyd o fewn y deng mlynedd-ar-hugain diweddaf ydyw eiddo'r teilwriaid yn myned o dŷ i dŷ i weithio . . . Gelwid yr arferiad deiliwryddol hon, er nas gwyddom paham, yn 'chwipio'r gath'. A gelwid y diwrnod cyntaf yr elai y pwythwr i dŷ i weithio yn 'Ddygwyl Deiliwr'.
>
> Edrychid gyda chryn bryder, yn gymysgedig â llawer o foddhad, at ddyfodiad y teiliwr. Ystyrid ef gan y teulu fel math o oracl ar bynciau gwledig, a rhoddai ei farn arnynt yn rhad a didâl. Cyn ymddangosiad *Seren Gomer* fel newyddiadur yn 1814, y teiliwr oedd

un o brif gyfryngau newyddion yn mlith y werin Gymreig, ac wedi i'r *Amserau* a phapyrau newyddion eraill wneuthur eu hymddanghosiad, nid pawb a fedrent eu darllen, ond rhoddi gwrandawiad astud i newyddion lleol y teiliwr.'[60]

Câi aelodau ifanc y teulu hanes carwriaethau'r ardal gan y prentis. Yr un yw tystiolaeth Gwilym Hiraethog eto.[61] Byddai'r cryddion hwythau yn 'chwipio'r gath' hyd ugeiniau'r bedwaredd ganrif ar bymtheg ond ymddengys nad oedd iddynt yr un swyddogaeth newyddiadurol. O gwmpas Loch Lomond ar ddechrau'r bedwaredd ganrif ar bymtheg wedyn, y teiliwr a'r crydd oedd prif gynheiliaid y traddodiad storïol llafar, gan eu bod yn dysgu llu o straeon wrth grwydro o le i le.

Disgwylid i grwydriaid ddwyn chwedlau i'w canlyn. Roedd dihareb Wyddeleg yn dweud: 'Bydd chwedl gan y sawl a grwydro'. Roedd mwy o groeso i'w gael mewn ambell dŷ yn naturiol ac anelai crwydriaid yno. Roedd ambell dŷ ym mhentrefi Iwerddon a gydnabyddid fel tŷ a roddai groeso i grwydriaid ac a elwid yn 'tigh stáites'.

Yng Nghymru ar un adeg, a hynny o fewn cof yn ôl E. S. Hartland, disgwylid i westai o grwydryn dalu am ei gadw drwy adrodd straeon a chanu i'w westeiwr. Yn wir, tybiai fod hynny yn dal yn fyw mewn rhannau anghysbell o'r wlad. Roedd yr un peth yn digwydd yn Llydaw ac yn Gasconi a'r rhan fwyaf o'r taleithiau Ffrengig a Phortiwgal. Cerddodd miloedd o grwydriaid briffyrdd Siberia yn ail hanner y ganrif ddiwethaf, ac yn eu plith yr oedd llawer a enillodd ffafr y boblogaeth a chael bwyd a llety drwy adrodd straeon. Bu amser hefyd yn Awstria pan edrychid ar adrodd straeon fel priod waith cardotwyr a chrwydriaid.

Yn yr Alban edrychid ymlaen at ddyfodiad dieithryn i'r pentref. Casglai pawb ynghyd i'r tŷ lle arhosai i wrando ar ei straeon. Fel arfer dechreuai perchennog y tŷ drwy adrodd stori ac yna disgwylid i'r dieithryn ddiddanu am weddill y noson. Roedd yn ymadrodd cyffredin ganddynt: 'Y chwedl gyntaf gan y gwrda a chwedlau tan y wawr gan y gwestai.'[62] Yn sir Perth, yn gynnar yn y bedwaredd ganrif ar bymtheg, y cwestiwn cyntaf a ofynnid i ddieithryn oedd: 'A wyddoch rywbeth am y Feinné?' Os dywedai ei fod yn gwybod casglai pawb ynghyd ac ni wahenid tan hanner nos.[63]

Yn Iwerddon, yr un modd, byddid yn tyrru i'r 'tigh stáites' i wrando ar y crwydriaid yn chwedleua. Dywed Tadhg Ó Murchadha fod ei hen daid ar ochr ei dad, Tadhg 'ach Michil Ruaidh, yn ddyn mawr am chwedlau am y Fianna. Roedd ei dŷ yn arosfan poblogaidd gan gardotwyr a chrwydriaid a dysgodd yr holl straeon nad oedd ganddo eisoes gan y crwydriaid. Un o ddulliau Seán Ó Conaill yntau o ddysgu straeon newydd oedd mynd i wrando ar bob cardotyn a ddeuai i'r pentref.

Ar wahân i'r nosweithiau lle disgwylid clywed adrodd straeon, roedd nifer o sefyllfaoedd eraill mwy anffurfiol lle'r adroddid straeon yn hollol naturiol. Yn wir mae pobl yn chwedleua bron unrhyw adeg y dônt ynghyd. Mae gan William Jones dystiolaeth am chwedleua yn yr efail ym Meddgelert a gellid disgwyl yr un peth mewn unrhyw weithdy neu fan cyfarfod o'r fath. Tua diwedd y ddeunawfed ganrif rhoddwyd y rhigwm canlynol ar ddrws efail Llangybi, ar gwr Adran Eryri:

Mewn chwedlau digrifwch arafwch yn 'r efail
Rhag bod uwch ben 'r aelwyd mewn caethrwyd i'r cythraul.
Ymdaeru bryd arall mor angall a'r engan,
Am rywbeth mor ddyfal na thal o werth hoelen:
Mewn siarad yn ofer bydd llawer o'r llwon,
Yn graig o ynfydrwydd a geiriau go fudron.
Gobeithiaf ceir dynion i fodlon sefydlu
Duwioldeb heb gaethder i'w weld ym mhob gweithdy.[64]

Roedd i lofftydd stabal y ffermydd a chabanau bwyta a 'mochal ffeiar' y chwareli hwythau eu straeon a'u diwylliant llafar arbennig i'w gyfrannu. Mae'n debyg bod y dafarn hithau wedi bod yn fan adrodd nifer sylweddol o straeon yn ôl y dystiolaeth.

4. Y Ffynonellau Ysgrifenedig

Er cyn lleied o feddwl sydd gan ysgolheigion ym maes astudiaethau gwerin, megis Utley a Krohn, o'r ddogfen ysgrifenedig, dyma'r gloddfa orau o bell ffordd i'r sawl sydd a'i fryd ar ffurfio casgliad o chwedlau gwerin Ardal Eryri, neu unrhyw ardal arall yng Nghymru o ran hynny.

Mae Ardal Eryri yn arbennig o gyfoethog o ran nifer y chwedlau gwerin, y credoau a'r arferion gwerin a gofnodwyd pan oedd y cyfryw yn fyw a gweithredol ymysg y bobl. Nid oes ond eisiau edrych ar gynnwys cyfrol gyntaf destunol *Celtic Folklore, Welsh and Manx* (Rhydychen, 1901), John Rhys i weld mai Eryri oedd cadarnle'r chwedlau a'r credoau am y tylwyth teg, a chadarnheir hyn yn rhagair yr awdur.

Gellid dadlau nad yw'r amrywiol gofnodion hyn bellach yn rhan o'r diwylliant gwerin ac na ellir chwaith brofi iddynt erioed fod yn rhan ohono. Mae'r dadleuon hyn yn rhai teg – o leiaf i raddau. Mae llawer o dystiolaeth am ailwampio elfennau llên gwerin mewn chwedlau cyfansawdd ysgrifenedig, megis 'Y Fôr-forwyn' gan Glasynys.[1] Wedyn, pa fodd y gellir profi i'r eglurhad onomastaidd ar yr enw Penchwintan, sef mai yno y cychwynnodd Glyndŵr losgi Bangor fradwrus, fod yn rhan o draddodiad llafar erioed cyn ei gofnodi mewn ysgrifen?[2] Yn y traethawd hwn cynhwysais y cwbl o'r chwedlau gwerin a ganfyddais wedi eu cofnodi yma ac acw, a'u dadansoddi yn unol â chategorïau dosbarthu: *Motif-index of Folk-Literature* Stith Thompson. Wrth gwrs, nid yw olrhain motifau fel hyn yn profi iddynt fod yn chwedlau gwerin byw yn y traddodiad llafar. Yn wir, mae llawer o fotifau'r *Motif-Index* ei hun wedi eu cymryd o lyfrau a llawysgrifau, fel y dengys yr is-deitl: *A Classification of Narrative Elements in Folktales, Ballads, Myths, Fables, Mediaeval Romances, Exempla, Fabliaux, Jest Books and Local Legends.*

Ni ddylid chwaith dderbyn y chwedlau gwerin a gesglir heddiw oddi ar lafar yn ddigwestiwn yn rhan o draddodiad llafar hir ei wreiddiau. Dychwelodd llawer chwedl i'r cylch llafar ar newydd wedd ar ôl cael ei phoblogeiddio a'i hatgyfnerthu gan fersiynau llenyddol, ysgrifenedig. Enghraifft dda o hyn yw'r cof llafar a erys am Farged Fwyn uch Ifan: mae'n ddyledus iawn i'r hyn a sgrifennodd Pennant amdani yn ei *The Journey to Snowdon* (Llundain, 1701). Ffosileiddiodd adroddiad Pennant dwf a datblygiad y chwedl lafar i gryn raddau, fel y gwnaeth llawer fersiwn ysgrifenedig arall yn achos chwedlau eraill.

Er hyn gellir cyfiawnhau casglu'r chwedlau hyn o ffynonellau ysgrifenedig yn drylwyr. Maent yn hanfodol bwysig er mwyn cael rhyw syniad am y cyfoeth chwedlau gwerin oedd ar gael mewn ardal ar un adeg.

Gellir dosbarthu'r prif ffynonellau ysgrifenedig a ddefnyddiwyd ar gyfer y traethawd hwn yn chwe dosbarth yn fras:

i. Ffynonellau Cynnar

Y prif gofnodwyr cynnar, o safbwynt llên gwerin Ardal Eryri, yw Gildas, Nennius a Sieffre o Fynwy ac awduron 'Pedair Cainc y Mabinogi', 'Culhwch ac Olwen', 'Cyfranc Lludd a Llefelys', a 'Breuddwyd Macsen Wledig'. Ychydig o elfennau llên gwerin Ardal Eryri a geir yn y ffynonellau hyn. Eto maent yn ddefnyddiol am eu bod yn rhoi cip inni ar gefndir a phwysigrwydd lleoedd megis Dinas Emrys a Chorwrion gynt, a thrwy hynny'n helpu i egluro'r holl lên gwerin a dyfodd yn gysylltiedig â'r lleoedd hyn yn ddiweddarach. Gellir hefyd ddefnyddio'r ffynonellau cynnar i olrhain twf a datblygiad rhai chwedlau gwerin ar hyd y canrifoedd. Er enghraifft, gellir olrhain twf chwedl Gwrtheyrn a'r dreigiau o gofnod moel Gildas, heibio Nennius a fersiwn flodeuog Sieffre hyd lên gwerin ein dyddiau ni.

Ffynhonnell ysgrifenedig arall gyfoethog iawn yw Bucheddau'r Saint, megis *Hystoria o Uuched Beuno*. Mae'n amheus a fu llawer o'r hanesion hyn ar dafod leferydd erioed, er bod ugeiniau o fotifau llên gwerin yma ac acw yn y Bucheddau. Cofnodwyd nifer o chwedlau am saint Ardal Eryri yn *The Lives of the British Saints* (Llundain, 1907), Baring – Gould a Fisher; ond daw llawer o'r hyn a geir yn y cyfrolau hyn o weithiau Iolo Morganwg. Cynhwysir llawer o draddodiadau am saint mewn pamffledi 'Hanes Eglwys' – er enghraifft, R. D. Roberts, *Clynnog : its Saint and Church* (Caernarfon, s.d.), a H. Arfon Evans, *The Parish and Churches of Capel Curig* (Caerdydd, 1944). Mae llyfrynnau fel hyn yn arbennig o werthfawr gan eu bod yn cofnodi llawer o chwedlau a thraddodiadau lleol am seintiau. Mae chwedlau am saint Ardal Eryri yn brin iawn ar lafar erbyn hyn, a heb y Bucheddau, etc., ni fuasai gennym syniad am y cyfoeth a fu.

ii. Llyfrau Taith

Un o'r meysydd cyfoethocaf o ran cofnodi llên gwerin yw'r llyfrau taith a ysgrifennwyd gan ymwelwyr, estroniaid gan amlaf, a fu'n crwydro trwy Eryri.

Y teithiwr cyntaf i gofnodi hanes ei ymweliad ag Eryri, a chofnodi peth o'i llên gwerin yr un pryd, oedd Gerallt Gymro yn ei *Itinerarium Kambriae* (1188) a'i *Descriptic Kambriae* (1194). Dywedodd yr Athro

Thomas Jones amdano, nad oedd ganddo wybodaeth bersonol o Wynedd a Phowys, ond yn hytrach iddo gael y straeon yn ymwneud ag Eryri a Môn, y mae'n debyg, gan rai o'i gyd-deithwyr, fel Alecsander, archddiacon Bangor, neu gan rai o'r gwŷr mawr, megis Rhodri ab Owain Gwynedd, a ddaeth i gwrdd â'r Archesgob a'i fintai.[3] Ond er mai ychydig o chwedlau gwerin Ardal Eryri a gofnodwyd gan Gerallt, mae'n rhoi inni'r stori onomastaidd enwog sy'n egluro'r enw 'Eryri', sef cartref yr Eryr dychrynllyd hwnnw a ddisgynnai bob pumed dydd gŵyl ar garreg arbennig i loddesta ar y celanedd a ddisgwyliai ym mrwydr y dydd hwnnw. Dywed Gerallt fod y garreg, erbyn ei gyfnod ef, wedi gwisgo'n dwll bron wrth i'r Eryri hogi ei big arni. Ceir llawer o sôn hefyd yn yr *Itinerarium Kambriae* am ffynhonnau a llynnoedd rhyfedd, megis Llyn Llangors a Phistyll Dewi. Noda ddau lyn hynod yn Eryri, sef llyn ag arno ynys symudol (Llyn y Dywarchen), a Llyn y Cŵn a'i bysgod unllygeidiog. Dyma gychwyn enwogrwydd Llyn y Dywarchen, a gyrhaeddodd benllanw yn y traddodiad a gyflwynwyd gan Glasynys dan y teitl 'Gŵr yn Priodi un o'r Tylwyth Teg'.[4]

Gerallt Gymro oedd y teithiwr pwysicaf i roi inni hanes ei ymweliad ag Eryri nes dod at deithwyr y ddeunawfed ganrif. Bu John Leland heibio mae'n wir; mae'n sôn am ei daith yn ei *Itinerary in Wales*, (ca. 1536-9), ond nid oes ganddo ddim i'w ddweud am lên gwerin Eryri – ac eithrio cyfeirio at y torgoch.

Erbyn y ddeunawfed ganrif, ac yn enwedig erbyn ail hanner y ganrif, daeth teithio drwy Gymru yn boblogaidd a ffasiynol. Ar derfyn y daith y peth arferol i'w wneud oedd sgrifennu'r hanes a'i gyhoeddi, naill ai ar gyfer ei rannu i gylch clos o gyfeillion neu ynteu ar gyfer ei werthu i bawb yn ddiwahân. Cynnyrch deng mlynedd ar hugain olaf y ddeunawfed ganrif a deng mlynedd ar hugain cyntaf y bedwaredd ganrif ar bymtheg yw'r rhan fwyaf o'r teithlyfrau hyn. Saesneg yw iaith y cwbl a hwnnw'n aml yn fflodeuog a barddonllyd.

Un o'r awduron gorau a'r cynharaf yn y gangen yma o lenyddiaeth Eingl-Gymraeg oedd Thomas Pennant. 'Teithiwr gwych oedd Pennant mewn oes o deithwyr amlwg,' meddai G. V. Jones.[5]

Roedd yn sylwedydd manylgraff a gofalai gael ei hyfforddi'n gywir bob amser ynglŷn â'r mannau yr ymwelai â hwy a'u hanes. Er enghraifft, cymerodd y Parchedig John Lloyd, Caerwys, Cymro Cymraeg a hynafiaethydd, gydag ef ar ei deithiau yng Nghymru. Teithiodd chwe sir Gogledd Cymru a chasglu digon o ddeunydd ynghylch eu hanes. 'Taflodd hwy ynghyd' ar ffurf taith a chyhoeddodd y gyfrol gyntaf yn 1778. Yn 1781 dilynodd yr ail ran, *A Journey to Snowdon*, a'r drydedd yn fuan wedyn. Dyma'r tair cyfrol sy'n ffurfio ei *Tours in Wales.*

Yn y gwaith llwyddodd i wau hanes a hynafiaeth a ffeithiau ynglŷn â'r mannau a'r bobl a welodd yn un adroddiad di-dor. Gwelir enghraifft ardderchog o hyn yn ei ymdriniaeth â Bedd a Ffynnon Beuno. Edrydd yr hanes arferol, fel y byddai pobl yn ymdrochi yn y ffynnon a chysgu dros nos ar y bedd, ac yna disgrifia ŵr o Feirion, oedd yn glaf o'r parlys, a welsai yn cysgu yno. Fel y digwydd dyma'r disgrifiad cyntaf (a'r claf) o weithredu'r gred.

Saif Pennant ben ac ysgwydd uwchlaw pob un o'r teithwyr diweddarach. Dull y mwyafrif o'r rhain oedd gwibdaith drwy Gymru gyfan gan geisio gweld cymaint ag oedd bosib ar fyr dro. Gan amlaf ni wnaent ond rhuthro drwy Eryri, gan ddilyn yr un llwybr a disgrifio'r un peth â'r rhai a fu o'u blaen. Enghraifft gynrychioliadol o'u gwaith yw *The Cambrian Tourist, or, Post-chaise Companion through Wales* (wythfed argraffiad, Llundain, 1834). Daw'r awdur dienw i Ardal Eryri dros Bont Aberglaslyn ac aiff ymlaen i Feddgelert. Yn yr adran yma cawn yr hyn a geir gan y mwyafrif, sef dyfyniad o gerdd William Spencer i Fedd Gelert. Cyfeiria wrth fynd heibio at Ddinas Emrys a dywed i Wrtheyrn gilio yno rhag y Saeson. Yr un modd yn Nrws y Coed dywed i Iorwerth I wersylla yno pan ddaeth heibio ar ei daith fuddugoliaeth. Yn nesaf, rhaid mynd i ben yr Wyddfa – ni fyddai'r un teithlyfr yn gyflawn heb y rhan hon. Cawn y disgrifiad barddonllyd arferol, yn llawn sôn am erchyllterau'r clogwyni a thrwch y niwl. Ar ôl hyn ceir disgrifiad William Williams, Llandygái o 'Frodorion Eryri' a'u harferion cymdeithasol, cyn gwibio i Gaernarfon, ffoli ar y castell a'r dref, a chroesi i Fôn a'r Plas Newydd.

Eto, er bod mwyafrif y teithlyfrau yn dilyn y patrwm difywyd hwn, ceir ambell fflach o newydd-deb pan ddisgrifir rhyw arfer cymdeithasol rhyfedd a welsai'r awdur, megis y 'Jympars';[6] neu pan gofnodir chwedl werin megis hanes Gwilym Brewys.[7]

iii. Arweinlyfrau Lleol

Bu'r rhain yn boblogaidd iawn ar un adeg ac ymddengys mai blynyddoedd olaf y bedwaredd ganrif ar bymtheg a dechrau'r ugeinfed ganrif oedd eu hoes aur. Arweinlyfrau wedi eu cynhyrchu'n lleol ac yn moli rhinweddau'r ardal oedd y llyfrynnau hyn. Roeddent yn amlwg wedi eu hanelu at y diwydiant twristaidd a noddid hwynt yn aml gan siambrau masnach lleol. Dengys eu teitlau lawer o'u hansawdd:

Glan Menai (G. Jones), *Llanfairfechan and Aber, with Notes Historical and Topographical. A Complete Guide to Walks, Excursions and Places of Interest* (pedwerydd argraffiad, Llanfairfechan, 1901).

Williams' Sixpenny Guide to Bangor and the Neighbourhood, Containing a List of, and Particulars concerning all Places of Interest in the City, with a description of the Tubular and Suspension Bridges, Penrhyn Castle, Bethesda and the Penrhyn Slate Quarries, Nant Ffrancon and Capel Curig, Village of Menai Bridge, Beaumaris and Vicinity, Llanfairfechan and Penmaenmawr, Aber Glen and Waterfall, etc., etc. (Bangor, 1882)

A Guide to Llanrwst and Betws y Coed, with Notices of Capel Curig, Trefriw and Ffestiniog, Abel Heywood's Series of Penny Guide Books (Manceinion, ca. 1888).

Guide to Penmaenmawr, North Wales (Caernarfon, s.d.).

Williams' Sixpenny Guide Book to Snowdon and Llanberis, including descriptions of the Pass of Llanberis, the Ascent of Snowdon, Betws y Coed and Capel Curig, Dolwyddelan Castle, Beddgelert and Pont Aberglaslyn, Nant Gwynant, Lakes Idwal and Cwellyn, etc., etc., etc., with map of District (Bangor, s.d.).

Mae cryn dipyn o lên gwerin wedi ei gofnodi yma ac acw yn y rhain. Eu rhinwedd, rhagor y llyfrau teithio cyffredinol, yw eu bod yn canolbwyntio ar un ardal ac yn rhoi llawer mwy o fanylion lleol gwerthfawr. Y gorau ohonynt yw'r *Gossiping Guide to Wales: North Wales and Aberystwyth* (argraffiad poblogaidd: Llundain, Wrecsam a Chroesoswallt, 1907) gan Woodall a Roberts. Enghreifftiau cyfoes o'r arweinlyfrau hyn yw *Nabod Cymru* (Talybont, 1973) gan Cledwyn Fychan a *Welsh Walks and Legends* (Caerdydd, 1972) gan Showell Styles.

vi. Llyfrynnau a Thraethodau ar Hanes Plwyfi

Roedd cryn fri gynt ar sgrifennu traethodau ar hanes lleol. Yn aml gosodid cystadleuaeth mewn eisteddfodau a chylchwyliau lleol. Roedd eisteddfodau bychain a chyfarfodydd cystadleuol yn boblogaidd iawn yn Ardal Eryri, yn enwedig ym Meddgelert fe ymddengys, a pharhaesent mewn bri hyd ddauddegau a thridegau y ganrif hon. Ceir llawysgrifau eraill sy'n gynnyrch cymdeithasau llenyddol, megis 'Betws Garmon' a 'Hanes Ardal Rhyd-ddu, i Gymdeithas Lenyddol, Ion. 1952', o waith Mr Dafydd Pritchard, Salem. Ar y llaw arall erys ysgogiad llawysgrifau megis 'Hen Draddodiadau Dyffryn Nantlle' a 'Hanes Betws Garmon', y ddau gan awduron anhysbys, yn dywyll, ond oddi wrth eu harddull sgwrsiol gall y rhain eto fod yn gynnyrch cymdeithasau llenyddol.

Mae pob un o'r llawysgrifau hyn yn berl o'i bath, yn waith gwerinwyr diwylliedig yn amlach na pheidio, ac o werth mawr o ran darlunio aelodau cymdeithas ddiflanedig. Hefyd, yn aml, cofnodant chwedlau a chredoau cyfoes. Mae nifer o'r llawysgrifau hyn ar gael o hyd ond chwilio amdanynt, ac y mae ynddynt lawer o lên gwerin na cheir mohono yn unman arall.

Weithiau cyhoeddid traethawd buddugol rhai o'r mân eisteddfodau hyn, megis traethawd William Parry (Llechidon), *Llyfr Hanes Llenyddiaeth ac Enwogion Llanllechid a Llandegai, sef, Traethawd Buddugol yn Eisteddfod Gadeiriol Bethesda, 1867. Hefyd Ychwanegiad at yr uchod hyd 1920* (Dolgellau, s.d.), neu John Roberts, *Llanfairfechan fel yr oedd, fel y mae, fel y dylai fod*, buddugol yn Eisteddfod Llanfairfechan, Dydd Gŵyl Dewi, 1902 (Llanfairfechan, s.d.). Y cynharaf a'r gorau o bell ffordd o'r traethodau Eisteddfodol hyn yw gwaith William Jones (Bleddyn), *Plwyf Beddgelert, ei Hynafiaethau a'i Cofiannau* (Tremadog, 1862), a fu'n gyd-fuddugol â Glasynys yn Eisteddfod enwog Beddgelert yn 1860. Cyn ei gyhoeddi'n llyfr argraffwyd ef yn benodau o dan y teitl 'Plwyf Bedd Gelert' yn fisol yn *Y Brython* (Tremadog), rhwng Mawrth a Rhagfyr 1861. Cyfieithwyd y gwaith i'r Saesneg ac ychwanegu eto er budd y Saeson a ymwelai â Beddgelert gan D. R. Jenkins, a dyna'r gyfrol *Beddgelert: its Facts, Fairies and Folk Lore* (Porthmadog, 1899).

Ceir hefyd lyfrau hanes lleol nad ydynt yn gynnyrch eisteddfodol, megis:

> Eben Fardd (Ebeneser Thomas), *Cyff Beuno, sef Awdl ar adgyweiriad Eglwys Clynnog Fawr, yng nghyd a Nodiadau Hynafol, Achyddiaeth, Daiaregaeth y Plwyf, rhestr o'r Beirdd a'r Llenorion, etc. At yr hyn ychwanegwyd Nodion a Hynodion y Bardd gan Ioan ab Hu Feddyg* (Tremadog, 1863).
>
> Hugh Derfel Hughes, *Hynafiaethau Llandegai a Llanllechid* (Bethesda, 1866).
>
> William Williams, *Hynafiaethau a Thraddodiadau Plwyf Llanberis a'r Amgylchoedd* (Llanberis, 1892).
>
> G. Tecwyn Parry, *Llanberis: Ei Hanes, Ei Phobl, a'i Phethau* (Caernarfon, 1908).

Prif nodweddion y cyhoeddiadau hyn eto yw'r wybodaeth leol fanwl a ddangosir a'r llu traddodiadau a chredoau gwerin a gofnodir.

Ceir llyfrau eraill tebyg i'r uchod, ond fod eu hardal yn eangach ac heb yr un manylder, megis:

William Williams, *Observations on the Snowdon Mountains with some account of the customs and manners of the inhabitants. To which is added a genealogical account of the Penrhyn families* (Llundain, 1802).

E. D. Rowlands, *Dyffryn Conwy a'r Creuddyn* (Lerpwl, 1947).

v. Cylchgronau a Phapurau Newydd

Mae maes arbennig o doreithiog i'r casglwr llên gwerin ymysg llu cylchgronau'r ganrif ddiwethaf, megis:

Y Gwladgarwr: sef Cylchgrawn Gwybodaeth Ysgrythurol, a Chyffredinol (Caerlleon, 1833-1841).

Y Brython: sef Cylchgrawn Llenyddol Cymru (Tremadog, 1858-64).

Taliesin: sef Cylchgrawn Chwarterol at wasanaeth y Cymdeithasau Llenyddol, yr Eisteddfodau a'r Orsedd yng Nghymru (Rhuthun, 1859-61).

Y Beirniad: Cyhoeddiad Trimisol ar egluro Gwyddoriaeth, Gwladyddiaeth, Llenyddiaeth a Chrefydd (Llanelli, 1859-78).

Golud yr Oes: Cylchgrawn Cenedlaethol er cefnogi Llenyddiaeth, Cerddoriaeth, Celfyddyd, Addysg, Gwladgarwch, a Chrefydd (Caernarfon, 1863-4).

Cyfaill yr Aelwyd: Cylchgrawn at Wasanaeth Oriau Hamddenol y Teulu, yn cynnwys Chwedleuaeth, Cerddoriaeth, Barddoniaeth, Gwyddoniaeth, a Llenyddiaeth Bur, Adeiladol a Dyddanus (Llanelli, 1880-94).

Cymru (Caernarfon, 1891-1920; Wrecsam, 1920-7)

Y Geninen (s.1., 1883-1928).

Y Cymmrodor (Llundain, 1877 ff.).

Y ddau bwysicaf o'r rhain o ddigon yw *Y Brython* a *Cymru*.

Gwelir yn aml yn y cylchgronau hyn chwedlau gwerin yn cael eu cyhoeddi am y tro cyntaf, megis y straeon a glywsai Silvan Evans gan ei fam, yn *Y Brython*. Gwelir yn y cylchgronau hefyd draethodau a gyhoeddwyd yn llyfrynnau ar wahân yn ddiweddarach, megis *Plwyf Beddgelert*, Bleddyn yn *Y Brython*, 1860, neu *Hanes Llanberis*, G. Tecwyn Parry yn *Cymru*.

Nid oes gymaint o ddeunydd llên gwerin i'r casglydd yn y papurau newydd, er y ceir ambell lythyr neu erthygl mewn papurau megis *Y Cymro*, *Baner ac Amserau Cymru*, *Yr Herald Gymraeg* a'r *Caernarvon and*

Denbigh Herald. Cofier hefyd mai ar ffurf erthyglau yn *Y Genedl* y gwelodd *Bro Deiniol* Ap Iolen olau dydd gyntaf ac mai yn yr un papur, o Chwefror 4ydd, 1908 ymlaen, y cyhoeddwyd *Llên Gwerin Sir Gaernarfon* Myrddin Fardd gyntaf. Ceid yn *Y Genedl* hefyd nodiadau fyrdd gan Bob Owen, Croesor, etc.

vi. Casgliadau o Lên Gwerin

Gwaith ysgolheigion diweddar yw'r casgliadau gorau o lên gwerin gan amlaf, ac fel y gellid disgwyl, dyma'r lle y gwelir mwyaf o chwedlau gwerin Ardal Eryri ynghyd – er nad ydynt yn holl-gynhwysfawr o bell ffordd.

Yn 1862 ymddangosodd *Cymru Fu* dan olygiaeth Isaac Foulkes. Dyma'r casgliad mawr cyntaf o lên gwerin, ond y mae'n wahanol ei naws i'r cyfrolau diweddarach ac yn fwy o gyfraniad i lenyddiaeth nag i astudiaeth wyddonol o'r chwedl werin.

Gosodwyd y safon o ran astudio llên gwerin gan John Rhys yn nwy gyfrol ei *Celtic Folkore Welsh and Manx* (Rhydychen, 1901). Er mai â chwedlau am y tylwyth teg yn unig y mae'n ymwneud, mae casgliad Rhys yn un arbennig iawn gan iddo daflu ei rwyd yn eang a chasglu oddi ar lafar yn ogystal ag o lyfrau. Talodd gryn sylw i Sir Gaernarfon. Yn 1909 daeth casgliad arall swmpus ond mwy cyffredinol, sef *Folk-lore and Folk-stories of Wales* (Llundain) gan Marie Trevelyan. Canolbwyntiai yn fwyaf ar Forgannwg. Tua'r un pryd cyhoeddwyd *Llên Gwerin Sir Gaernarfon* (Caernarfon, ca. 1908) Myrddin Fardd yn llyfr. Dyma enghraifft o werinwr diwylliedig yn cyhoeddi casgliad safonol iawn o lên gwerin – yn arferion, credoau a chwedlau. Yr olaf o'r casgliadau mawr yw cyfrol T. Gwynn Jones, *Welsh Folklore and Folk Customs* (Llundain, 1930). Mae hwn yn llyfr arbennig o werthfawr o ran y testun y mae'n ei gyflwyno gan iddo nid yn unig gasglu o lyfrau ond hefyd oddi ar lafar.

Ceir nifer o gasgliadau llai o chwedlau gwerin hefyd, gan amlaf ar ffurf dewisiad personol o chwedlau tylwyth teg, megis:

P. H. Emerson, *Welsh Fairy-Tales and Other Stories* (Llundain, 1894)

William Rowlands, *Chwedlau Gwerin Cymru: wedi eu Dethol a'u Haddasu* (Rhydychen, 1923).

Hugh Evans, *Y Tylwyth Teg* (Lerpwl, 1935).

W. Jenkyn Thomas, *The Welsh Fairy Book* (Llundain, s.d.).

W. Jenkyn Thomas, *More Welsh Fairy and Folk Tales* (Caerdydd, 1957).

William Rowland, *Straeon y Cymry: Chwedlau Gwerin* (Aberystwyth, 1935).

Fersiynau wedi eu crynhoi ar sail chwedlau a gofnodwyd eisoes gan eraill yw cynnwys y llyfrau olaf hyn. Yn aml iawn mae eu harddull yn flodeuog a chymharol ychydig o chwedlau yn ymwneud ag Ardal Eryri sydd i'w cael ynddynt.

5. Y Cofnodwyr

Datblygodd astudiaethau gwerin yn awyrgylch ffrwythlon syniadau a diwylliant yr ail ganrif ar bymtheg a dechrau'r ddeunawfed ganrif. Mae sail rhai o'r astudiaethau yn mynd yn ôl ymhellach byth. Nid oedd rhamantiaeth a gwladgarwch, y mudiadau a gysylltir amlaf â thwf astudiaethau gwerin, ond cyfraniadau hwyr tuag at ddatblygiad y pwnc. Yn ôl Mikhail Bakhtin, ganed llên gwerin yn y cyfnod cyn-Ramantaidd ac fe'i cwblhawyd yn sylfaenol gan von Herder a'r Rhamantwyr.[1]

Y cyntaf i gasglu straeon gwerin Ardal Eryri, ac nid eu cofnodi fel un o'r hynodion a glywsai ar daith drwy'r fro, oedd **Siôn Wynn o Wydir.**

Siôn Wyn oedd aelod enwocaf teulu Gwydir. Ganed ef yn 1553, bu farw Mawrth 1, 1626/7. Cafodd addysg nodweddiadol o fab tirfeddiannwr cefnog yn yr unfed ganrif ar bymtheg. Roedd yng Ngholeg yr Holl Eneidiau, Rhydychen yn 1570, yn Furnival's Inn yn 1572 ac yn yr Inner Temple yn 1576. Ymddengys iddo fyw yn Llundain hyd farw ei dad yn 1580 a gall hefyd iddo grwydro ar y Cyfandir. Ar ôl dychwelyd i Ogledd Cymru bu'n amlwg ym mywyd cyhoeddus y rhanbarth. Oherwydd ei dymer wyllt a'i awch am rym a thiroedd, enillodd enw drwg iddo'i hun ac ar sail hynny enillodd ei blwyf yn chwedlau gwerin Betws-y-coed. Dywedir bod ei ysbryd aflan yn cael ei olchi yn y Rhaeadr Ewynnol ac y clywir ei sgrechiadau uwch rhu'r dŵr.[2]

Roedd Siôn Wyn yn ŵr diwylliedig ac yn ysgolhaig yn ôl safonau ei ddydd.[3] Sefydlodd ysgol yn Llanrwst yn 1610; noddai'r beirdd a chefnogodd weithgarwch geiriadurol ei gyfaill, Thomas Wiliams, Trefriw.

Sgrifennodd Siôn Wynn ddau lyfr. Y cyntaf o'r rhain oedd *The History of the Gwydir Family* (Caerdydd, 1927). Olrhain ymrafaelion personol ei deulu a wneir yn hwn yn bennaf, ac er mor ddiddorol ydyw i'r hanesydd cymdeithasol, ychydig sydd yma ar gyfer y chwilotwr straeon gwerin. Sonnir am Owain Glyndŵr yn dinistrio yn ardal Dolbenmaen ac am Dafydd ab Siencyn a'i wŷr yn gwisgo amdanynt fel tylwyth teg, a dyna'r cwbl.

Mae ail lyfr Siôn Wynn, sef *An Ancient Survey of Penmaenmawr* yn fwy gwerthfawr o ran ei straeon gwerin.[4] Yma edrydd hanes boddi Tyno Helig gan roddi esboniadau onomastig ar Drwyn yr Wylfa; Pwllheli (G); Traeth Ell; Traeth Lafan, ac yn y blaen. Mae'n sôn hefyd am feibion Helig – y saint Beda, Gwynn a Brothen, ac am ei frawd, Seiriol, gan gyfeirio at amlder enw Seiriol yn y cylch. Ceir ynys, sarn, clipyn, gwely a chapel Seiriol. Â rhagddo i sôn am y gaer fawr, Braich y Dinas ar Benmaen-mawr, a'r carneddau gerllaw, a oedd yn nodi beddau'r milwyr

Brythonaidd a Rhufeinig a gwympodd mewn brwydr waedlyd. Ceir yma hefyd y fersiwn cynharaf ar chwedl Meini Moelfre.

Rhoddai Siôn Wynn bwys ar dystiolaeth sgrifenedig, ond yn niffyg hynny derbyniai draddodiad llafar. Wrth sôn am y carneddau ger Braich y Dinas dywed:

> Mae'n anffodus iawn bod ein llyfrau hanes Brythonaidd wedi eu dwyn i'r fath raddau nad oes gennym sicrwydd am y pethau hyn a rhaid inni ddibynnu yn unig ar draddodiad.[5]

Eto wrth sôn am Feini Moelfre dywed:

> Mae hwn yn draddodiad gennym ac fe'i credir gan hen bobl yr ardal yma, a ph'run bynnag a fu pethau felly ai peidio, mae'r traddodiad yn un llesol ac fe atal eraill rhag gweithio ar y Sul.[6]

Yma gwelwn agwedd ar werth y *Survey*. Cofnododd Siôn Wynn straeon gwerin cyfoes oddi ar lafar, er nad oedd yn credu bron ddim ohonynt.

Yn yr ail ganrif ar bymtheg ymddangosodd un o ysgogwyr mwyaf astudiaethau gwerin yng Nghymru a'r gwledydd Celtaidd, sef ***Edward Lhuyd***. Ef, meddai G. J. Williams, a ddechreuodd astudio'r pynciau hynny sydd o ddiddordeb i ysgolheigion Sain Ffagan bellach.[7] Mab ydoedd i Edward Lloyd, Llanforda ger Croesoswallt. Ganed ef yn 1660 a bu farw yn 1709. Yn 1682 derbyniwyd ef i Goleg Iesu, Rhydychen.

Yn y cyfnod hwn roedd ysgolheigion disgleiriaf Lloegr yn byw yn Rhydychen ac yn gyfeillion i Lhuyd. Pan oeddent angen gwybodaeth am Gymru neu'r gwledydd Celtaidd ato ef, yn naturiol, yr aent.

Tad yr ymchwilwyr hyn oedd William Camden (1551-1623). Daeth ei *Britannia,* sef arolwg hanesyddol o ddaearyddiaeth a hynafiaethau Prydain, yn batrwm i hynafiaethwyr. Sicrhaodd bod astudio hynafiaethau yn cael ei dderbyn yn faes ymchwil teilwng, yn arbennig ar ffurf hanes sirol, gan ddilyn rhaniadau'r *Britannia.*[8] Yn yr un modd cafodd gwaith mawr Dugdale *The Antiquities of Warwickshire* (1656) gryn ddylanwad ar haneswyr a hynafiaethwyr. Erbyn cyfnod Lhuyd roedd y teitl 'hynafiaethydd' yn ennyn parch.

Roedd rhai o gyfeillion Lhuyd wedi dechrau ar waith hynafiaethol o'r math hwn megis Thomas Turner ar Wiltshire a John Aubrey ar Surrey a rhannau o Gymru. Arferai'r olaf anfon ei gasgliadau at Lhuyd yn Amgueddfa Ashmole. Dwy flynedd cyn i Lhuyd grwydro Cymru gwnaeth Sais o'r enw Wilbraham hynny gan chwilio am lawysgrifau a hynafiaethau, a gohebai â Lhuyd. Ond mae'n bosib mai'r dylanwad mwyaf arno oedd ei gyn-athro a'i gyfaill, Dr Robert Plot. Mae gwreiddiau nifer o ddulliau a diddordebau diweddarach Lhuyd i'w gweld yn ei waith. Er enghraifft, cyfeiria ei lyfrau *The Natural History of Oxford-shire* (1677) a *The Natural History of Stafford-shire* (1686) at faterion goruwchnaturiol – 'hanesion mor rhyfedd ag ydynt wir'. Ceir rhagflas o ddull holiadurol Lhuyd gan Plot yn 1674 ac 1679. Bwriadasai deithio drwy Gymru a Lloegr i astudio botaneg, hynafiaethau a chrefftau a holodd lawer ar Lhuyd parthed Cymru. Nid yw'n syndod, felly, gweld newid yn natur ymchwiliadau Lhuyd erbyn 1693. Cydiodd astudiaeth o hynafiaethau ac ieitheg Geltaidd ynddo gorff ac enaid, er nad ymwadodd â'i astudiaethau mewn botaneg a daeareg.

Daeth cyfle mawr Lhuyd pan awgrymwyd ei enw i'r Esgob Edmund Gibson gan ei gyfaill William Nicolson, fel gŵr teilwng i ofalu am yr adran ar Gymru yn yr argraffiad newydd o *Britannia* Camden. Wrth weithio ar y llyfr hwn, a gyhoeddwyd yn 1695, daeth y syniad o lunio gwaith cyffelyb ar Gymru a'r gwledydd Celtaidd iddo.

Yn 1695 dechreuodd Lhuyd baratoi ar gyfer ei waith mawr ar Gymru a chyhoeddodd *A Design of a British Dictionary, Historical and Geographical; with an Essay entitl 'Archaelogia Britannica'; and a Natural History of Wales* yr un flwyddyn. Gobeithiai gael digon o noddwyr i dalu ei dreuliau am bum mlynedd a'i alluogi i deithio nid yn unig yng Nghymru ond hefyd yn yr Alban, Iwerddon, Cernyw a Llydaw. Ymhlith pethau eraill, gobeithiai drwy hyn allu gwneud casgliad o hen arferion, credoau a phob agwedd ar hynafiaethau Cymru a'r gwledydd Celtaidd.

Yn 1696 dilynwyd y *Design* gan *Parochial Queries in Order to a Geographical Dictionary, a Natural History, etc., of Wales*. Argraffwyd pedair mil o'r holiaduron hyn ac fe'u dosbarthwyd yn dri i bob plwyf, y rhan fwyaf ohonynt gan gludwyr. Cludwyd llawer gan deithwyr ac eraill gan fyfyrwyr yn mynd adref dros y gwyliau. Gan amlaf cyfeirid hwy at y gwŷr eglwysig a'r ysgolfeistri.

Daethai'r holiadur yn ffurf boblogaidd o gasglu gwybodaeth leol yn yr ail ganrif ar bymtheg yn Ewrop. Dylanwadodd yr holiaduron ar y dull o ddisgrifio gwlad a'i rhanbarthau a chychwynnwyd nifer o astudiaethau rhanbarthol ledled Prydain, yn arbennig rhwng 1660 a 1730.[9] Yn Iwerddon defnyddiodd William Molyneux yr holiadur ar gyfer ei *Quaeries* (1682) a Syr Robert Sibbald yn yr Alban ar gyfer ei *General Queries for the Description of Scotland* (1682). Roedd y dull holiadurol wedi hen ymsefydlu a pharchuso erbyn amser *Queries* Lhuyd.

Rhannodd Lhuyd ei holiadur yn ddau ran. Yn y cyntaf mae 'Queries in order to the Geography, and Antiquities of the Country', ac yn yr ail, Queries towards the Natural History'. Mae un ar bymtheg o gwestiynau yn y rhan gyntaf ac un ar ddeg ar hugain yn yr ail. Dyma ddau bwnc a gynhwysir yn yr holiadur:

> Arferion a Chwaraeon a Gwleddoedd hynod ymhlith Gwerin y Plwyf, Cantref, Sir neu unrhyw Ran o Gymru: ynghyd â'r Credoau a'r Traddodiadau Gwerin; (yn cyfateb i'r rhai yr ymdrinnir â hwy gan ddysgedig a doeth awdur y *Pseudo-doxia Epidemica*[10]

Ar y cyfan, ymateb digon sâl a gafodd Lhuyd i'r *Queries*, a barnu oddi wrth yr atebion, y cyhoeddwyd rhai ohonynt dan y teitl *Parochialia* yn 1909. O'r 143 plwyf a ddisgrifiwyd i Lhuyd, ac a gyhoeddwyd yn y *Parochialia*, pedwar yn unig sydd o fewn ffiniau Ardal Eryri, sef: Betws-y-coed, Caerhun, Llanwda a Llanfrothen.

Cychwynnodd Lhuyd ar ei daith fawr yn 1696 a rhwng diwedd Ebrill a dechrau Hydref llwyddodd i ymweld ag wyth neu naw o siroedd. Bwriodd aeaf 1696-9 yn Nolgellau a chyrhaeddodd arfordir y Gogledd yn haf 1699. Cyfeiriwyd lythyr dyddiedig Gorffennaf 1 yr un flwyddyn iddo yn nhŷ un 'Mr Samuel, ysgolfeistr, Sir Gaernarfon'. Oddi yno croesodd Lhuyd i Ogledd Iwerddon, yr Alban, Cernyw a Llydaw.

Rhaid mai yn y cyfnod hwn y casglodd Lhuyd lawer o'r deunydd llafar a gofnodwyd ganddo, yn gredoau a chwedlau. Cofnodai'n fanwl yr hyn a glywai neu a welai, megis gweithred ryfedd ei dywysydd yn cerdded naw gwaith o gwmpas carnedd a safai ger Gorffwysfa Peris, gan adrodd y Pader mor gyflym ag y gallai.[11] Yn 1693 cofnododd y fersiwn cynharaf ar chwedl Llyn yr Afanc, gan nodi'r holl draddodiadau llafar a oedd wedi tyfu o gwmpas Llyn y Ffynnon Las. Gan mai dyma'r enghraifft gynharaf a gadwyd inni o draddodiad llafar ardal Eryri wedi ei gofnodi'n llawn a diduedd, cynhwysir yma ddyfyniad gweddol hir o destun Lhuyd:

> Mae llawer iawn o siarad am Lyn Cwm ffynnon lâs, heblaw i fôd bôb amser heb rewi, ond yn y naill gwrr iddo, lle mae dwfr mawnog y pylle glouwon yn dyfod i mewn iddo, ag hefyd i fôd o amriw liwiau gerwin . . . Ni nofia dim ar i ddwfr o yn ddiberigl: nis gwn yn dda beth wna hi ai bôd yn ddiofal iawn i aderyn hedeg trosto, ai peidio. Teflwch gadach iddo, fy eiff i'r gwaelod. Mi a glywais ûn am clustiau yn dywedyd weled o hono efe lwdwn gafr yn cymeryd (rhag i ddala) y llyn hwn arno, a phan gynta ag yr aeth i'r dwfr, efe a droais fel y gwelech chwi chwirligŵgan hyd oni foddodd . . . Mae rhai yn siarad fel yr oedd rhiw ŵr mawr yn hela hyddod yn yr Eryri, ddarfod i hŷdd pan oedd y cŵn yn pwyso yn drwm arno ddiangc (fel y mae arfer

hyddod iw amddiffin i hunain) ir llyn yma: ni chafodd yr helwyr attreg (ne atteg nis gwn pa ûn) oni welant i fwnglws yn dyfod i wyneb y dwfr, ag ni welsant etto ddimyngwhaneg. Wrth hyn (ped fae'r chwedl gwir) pa ûn a wnewch ai caniadhau fôd cythreuliaid yn y llyn, ynte mae cythrael oedd yr hŷdd, fel ag y dywedir mewn hên chwedlau i fod ef yn myned yn rhith yscyfarnogod. Merch a welwyd yn dyfod allan or llyn yma i olchi dillad, ag wedi iddi ddarfod hynnu, hi a gymerodd y dillad wedi i plygu nhw tan i chesail, ag aeth yn i hôl ir llyn. Fy welodd ûn (mae brawd iddo yn fyw ag yn iâch etto), enwairiwr a chap côch gantho mewn cafn ar y llyn yma fŷth, ag a fŷ farw ein pen nemawr o ddyddiau ar ol hynnu, ond ni bŷ efe yn iawn yn i hwyl tra fy byw: mae y rhan fwya o bobl yn cymeryd hyn yn lle gwîr da: nid alla inneu anghoelio, nad alleu y fâth weledigaeth a honno wneuthur i ddŷn synnu cimmhelled ag y mageu glwyf i ddwyn i einioes.[12]

Dyma gofnodi'n fanwl, mewn arddull seml, chwedl werin fel y clywodd Lhuyd hi ar lafar.

Arhosodd dylanwad Edward Lhuyd yn fwyaf ym myd ysgolheictod. Ysbrydoliaeth a llafur anhygoel Lhuyd sy'n egluro adfywiad dysg Gymraeg yn y ddeunawfed ganrif. Ceisio cyflawni un bwriad o'i eiddo, sef llunio Geiriadur Hanesyddol a Daearyddol, yr oedd Lewis Morris yn ei *Celtic Remains,* er na ddilynodd enghraifft Lhuyd a chynnwys chwedlau llafar ynddo. Yn sgil dylanwad Lhuyd bu ef ac Ieuan Fardd yn chwilio a chofrestru hen lawysgrifau Cymraeg. Gellir cysylltu Lhuyd â geiriadura'r ddeunawfed ganrif. Dylanwadodd hyd yn oed ar batrwm teithiau Thomas Pennant yng ngogledd Cymru. Ysbrydolodd Lhuyd y Morusiaid a sefydlwyd Cymdeithas y Cymmrodorion yn 1751 i hyrwyddo dysg Gymraeg.

Ysgogodd gweithgareddau Lhuyd ddiddordeb mawr mewn astudiaethau mwy gwerinaidd hefyd: straeon gwerin, hen arferion, credoau a chanu'r werin – yn hen benillion a cheinciau traddodiadol. Gwnaeth hwy oll yn rhan o'i astudiaethau ysgolheigaidd. Fel yr âi'r ddeunawfed ganrif rhagddi tyfodd eu poblogrwydd, ochr yn ochr â'r ymdeimlad rhamantaidd oedd yn graddol ledu. Fel yn Lloegr, daeth hen adfeilion ac arferion gwerin yn bethau a gyffrôi awen beirdd, a dylanwadodd ar agwedd teithwyr fel Pennant a llenorion megis Edward Jones, Bardd y Brenin. Gellir dweud mai diddordeb hynafiaethol Lhuyd, wedi ei gymysgu â dylanwad rhamant y ddeunawfed ganrif, a roed inni feistri cofnodi llên gwerin y bedwaredd ganrif ar bymtheg – gwŷr megis Glasynys, Ab Ithel, Isaac Foulkes a Silvan Evans.

Yn 1802 cyhoeddodd **William Williams, Llandygái** (1738-1817) ei *Observations on the Snowdon Mountains*, ar ôl ei sgrifennu'n wreiddiol ar gyfer Arglwydd Penrhyn.

Gŵr o Drefdraeth, Môn, ydoedd William Williams yn wreiddiol. Bu'n wehydd am beth amser a bwriodd saith mlynedd o brentisiaeth yn gyfrwywr. Yn 1782 gwnaed ef yn rheolwr Chwarel y Penrhyn a pharhaodd ei oruchwyliaeth hyd ei ymddeol yn 1802.

Yr *Observations* oedd yr unig lyfr a gyhoeddodd William Williams yn ystod ei oes. Yn 1822 cyhoeddwyd ei *Brydnawngwaith y Cymry*, 'cyflenwad' i *Ddrych y Prif Oesoedd*. Gadawodd ar ei ôl nifer o lawysgrifau diddorol; traethodau yn ymdrin â diwinyddiaeth Calfin; 'Llysiau-lyfr yn cynnwys amryw ddail, a'u Rhinwedd i iachau amryw Glefydau'; a 'History of Caernarvonshire'. Daethai'n arbenigwr ar hanes a phethau Arllechwedd a mawr fu dyled pobl fel Syr Richard Colt Hoare, Richard Fenton a Hyde Hall, awdur *A Description of Caernarvonshire (1809-1811)*, iddo.

Gellir rhannu'r *Observations* yn dair rhan, sef sylwadau ar arferion cymdeithasol trigolion Eryri, hanes teulu'r Penrhyn, ac esboniad ar enwau mynyddoedd, cymoedd a llecynnau enwog Ardal Eryri. Er mor werthfawr yw'r sylwadau ar arferion, moesau, dillad a bwyd trigolion Ardal Eryri, mae mwy o werth i'r chwilotwr llên gwerin yn yr onomasticon gan ei fod, yn sgil yr esboniadau, yn cynnwys nifer o chwedlau gwerin sy'n rhoi esboniad y werin.

Cofnododd Williams brif elfennau yr hyn a glywsai ar lafar, gan roi i ni fersiynau cynnar a gwerthfawr ar chwedlau lleol megis 'Cysgu ar Faen Du'r Arddu' (tt. 31-2); 'Pellings yr Ystrad' (tt. 38-40); 'Llofruddiaeth Idwal' (t. 83), a 'Cawr yn Taflu Maen at Hen Wraig' (t. 112). Gwelir arddull Williams mewn chwedlau megis 'Barclodiad y Gawres' (tt. 98-9), sy'n egluro bodolaeth y meini a'r garnedd ar Fwlch y Ddeufaen. Gan hynny collwyd arddull a phriod-ddulliau'r gwreiddiol llafar. Fodd bynnag mae iddo werth am mai dyma'r fersiwn cynharaf ar y chwedl a gofnodwyd yn Eryri:

> Cawr anferth a'i wraig yn teithio tuag ynys Môn, gyda'r bwriad o ymsefydlu ymhlith y trigolion cyntaf a ymfudodd yno; ac o gael eu hysbysu nad oedd ond sianel gul yn ei gwahanu oddi wrth y tir mawr, a gododd ddwy garreg fawr, un dan bob braich, i'w cludo gydag ef fel paratoad er codi pont dros y sianel yma; ac roedd barclod ei wraig yn llawn cerrig mân i'r un pwrpas; ond o gyfarfod gŵr yn y lle hwn gyda llond cwdyn o hen esgidiau ar ei ysgwydd, gofynnodd y cawr iddo, Pa mor bell ydoedd i Fôn? Atebodd y gŵr ei bod mor bell

nes ei fod wedi treulio'r esgidiau hynny wrth deithio o Fôn i'r lle hwnnw. Y Cawr, o glywed hyn a ollyngodd y cerrig, un o bobtu iddo, lle y safant yn awr, tua chanllath neu fwy oddi wrth ei gilydd; llanwyd y gwagle rhyngddynt gan gorff y Goliath hwn. Agorodd ei wraig ei barclod yr un pryd, a gollwng ei gynnwys, a ffurfiodd y domen hon.

Nid yw cofnodi William Williams yn ddi-fai o bell ffordd. Cais egluro neu roi ystyr ddamhegol i bob stori – bod y chwedlau am gewri yn cynrychioli gormodiaith am wŷr mawr y gorffennol (t. 112); mai sipsiwn oedd y tylwyth teg (tt. 40-1), a dywed am y chwedl am Ddewiniaid Gwrtheyrn ei bod yn 'stori wyllt . . . nad yw'n haeddu sylw' (t. 55). Perthyn i'r ddeunawfed ganrif yr oedd Williams o ran ei ddiddordebau hynafiaethol a'i agwedd nawddogol tuag at y werin bobl a'u harferion.

Cysylltir enw **Eben Fardd** (1802-63), neu Ebeneser Thomas, â Chlynnog, ond un o feirdd Eifionydd yn byw yn Arfon ydoedd. Ganed ef yn Nhan-lan, ger Llangybi, a 'Chybi o Eifion' oedd ei enw barddol cyntaf. Er i Eben dreulio y rhan fwyaf o'i oes yn Arfon, yn Eifionydd yr oedd ei galon mewn gwirionedd. Ni ellir deall na gwerthfawrogi ei waith heb gofio am feirdd a hynafiaethwyr Eifionydd ar ddiwedd y ddeunawfed ganrif a dechrau'r bedwaredd ganrif ar bymtheg. Eto mae Eben yn un o gofnodwyr pwysicaf straeon a thraddodiadau gwerin Ardal Eryri. Yn wir, mae i lenorion cylch Eifionydd le pwysig iawn yng nghychwyn cofnodi llên gwerin Cymru yn drefnus, fel y dengys gwaith a dylanwad gwŷr megis Robert ab Gwilym Ddu (1766-1850), Siôn Wyn o Eifion (1786-1859), Ellis Owen, Cefnymeusydd (1789-1868), Nicander (1809-74), Alltud Eifion (1815-1905) a'r gwŷr a ddaeth dan eu dylanwad – hoelion wyth y cofnodwyr straeon gwerin – Glasynys, Bleddyn, Myrddin Fardd, Glaslyn a Charneddog.

Yn 1843 y daeth diddordeb ysol Eben mewn hynafiaethau i'r amlwg am y tro cyntaf. Roedd ymddiddori mewn pynciau hynafiaethol yn nodweddu'r offeiriaid llengar, a gan fod Eben yn gyfaill i rai ohonynt, naturiol oedd iddynt ddylanwadu arno yntau. Sgrifennodd Eben at Siôn Wyn o Eifion, Gorffennaf 28, y flwyddyn honno:

Go brin y gellwch amgyffred y fath swydd anniwall sydd wedi gafael ynof i wybod am hynafiaethau fy ngwlad. Gwyddwn amdanynt gynt, yn sicr, yn y modd cyffredinol yr ymdrinir â hwy mewn Hanes, ond yn awr rwyf eisiau gwybodaeth fwy manwl, fel a geir yn yr Achau, chwedlau lleol, etc., etc. Rwyf eisioes wedi llwyddo i ddosbarthu'r Pum Llwyth Brenhinol a'r 15 Costoglwyth (16 yn wir) ar gynllun da iawn. . . [13]

O hyn ymlaen bu Eben yn dyfal gasglu achau a daeth yn adnabyddus fel hanesydd lleol a hynafiaethydd. Hoff faes ei astudiaethau, fodd bynnag, oedd ei fro enedigol. Ond bu'n astudio hanes Llŷn ac Arfon hefyd – yn enwedig ardal Clynnog, a rhannau eraill o Gymru. Cipiodd rhamant a hynafiaeth Clynnog ef gorff ac enaid:

> Dichon y byddai yn foddhâol i rai o'r darllenwyr, i mi egluro ychydig pa fodd y daeth hên eglwys *Clynnog Fawr* i gael y fath afael ar fy sylw, a fy serch, ag a ddangosir yn yr Awdl a'r Nodiadau dilynol: y mae gennyf ddau neu dri o resymau têg a digonol i ddangos hyn; Yn 1af. Ei hynafiaeth hybarch a chlodfawr, urddas a bri y Sefydliadau ardderchog oedd mewn cyssylltiad â hi yn y canol-oesoedd, yng nghyd a choethder a gwychder ysplennydd ei hadeiladaeth.[14]

Ychydig fisoedd ar ôl marwolaeth Eben Fardd cyhoeddwyd *Cyff Beuno, sef Awdl ar Adgyweiriad Eglwys Clynnog Fawr. Yng Nghyd a Nodiadau Hynafol, Achyddiaeth, Daiaregaeth y Plwyf. Rhestr o'r Beirdd a'r Llenorion, etc.* (Tremadog, 1863). Yr oedd drafft cyntaf y gwaith yn barod mor gynnar ag 1852. Yn ôl E. G. Millward, 'nid teithlyfr mohono, ond cais yn Gymraeg i ailennyn yn y Gymru y parch a deimlid gynt at dras urddasol, cyfreithlon; cais i wella moesau'r Cymry trwy eu gwneud yn ymwybodol o'u gwreiddiau'. Yn ei 'Ragymadrodd' i'r *Cyff* dywed Eben:

> Wrth ystyried pa les a ellir ei ddisgwyl oddiwrth gyhoeddi y llyfr hwn, i'r darllenwyr yn gyffredinol, y mae yn taro i fy meddwl i, y gall, – yn gyntaf, roddi tippyn o ddiddanwch teuluaidd, a hysbysrwydd ar rai pethau, dieithr i'r oes hon, ond etto difyr a buddiol i'w gwybod. Yn ail, yr wyf yn ystyried y gall fod yn foddion i godi mwy o chwaeth a sylw yn y wlad at DEULUAETH gyfreithlon a rheolaidd, yn cael ei dal i fynu trwy linach a chyfathrach *priodasol*, yn wrthwyneb i *fastarddiaeth* afreolaidd a di-linach. Yn drydydd, gellir dysgu oddiwrth yr Arfbeisiau, fod rhyw hen anrhydedd neu rinwedd yn gyfrifedig i'r gwahanol Deuluoedd ag yr oeddynt oll, yn wreiddyn a changen, yn eiddigus dros ei urddas, a'i barhâd, yng nghymmeriad cenedlaethau y Teulu o oes i oes. Mae rhyw rinwedd neillduol mewn teuluoedd etto, yn draddodiadol, ag y dylid ei ddal i fynu fel BRI TEULUAIDD gan yr holl ganghenau; heb byth ei lychwino trwy ddifaterwch annheuluaidd, a gwyrdroad oddi-ar lwybr rhinweddol eu cyndadau.[15]

Mae'n amlwg mai mewn hynafiaethau yn hytrach nag mewn llên

gwerin yr ymddiddorai Eben Fardd ond cofnododd nifer o chwedlau gwerin ardal Clynnog, y mwyafrif yn gysylltiedig â Beuno Sant. Fel William Williams o'i flaen, daw'r chwedlau i'r amlwg yn ei nodiadau esboniadol: rhydd Eben le iddynt wrth esbonio cyfeiriadau 'hynafol' yn ei 'Awdl ar Adgyweiriad Hen Eglwys Ardderchog "Celynog Fawr yn Arfon"'. Copïwr ydoedd Eben yn hytrach na chofnodydd oddi ar lafar. Chwedlau'r Bucheddau a'r llawysgrifau a welir yn y *Cyff* – 'Sut y daeth Beuno i Glynnog' (tt. 52-4) o 'Fuchedd Beuno'; 'Dywediad Beuno' (t. 54) o 'Englynion y Clywed'; 'Ffynnon Digwg' (tt. 59-60) o 'Fuchedd Beuno'; 'Y Tiboeth' (t. 64) o weithiau y Dr John Davies ac Iolo Morganwg, etc. Wrth sôn am Ffynnon Digwg dywed ' . . . y mae cryn lawer o draddodiadau ofergoelus am dani ar gof gan y brodorion', ond yn anffodus ni chofnododd yr un ohonynt.

Nid yw pwysigrwydd Eben Fardd yn ei gynnyrch – nid oedd hwnnw yn helaeth o safbwynt y casglwr llên gwerin – ond fe roddodd, drwy ei esiampl, ysgogiad pellach i gasglu llên gwerin Eryri. Roedd yn athro da a throsglwyddodd ei gariad angerddol at hynafiaethau i'w ddisgybl a'i gyfaill, Glasynys.

Prif gyfrwng casglwyr a chofnodwyr llên gwerin canol y bedwaredd ganrif ar bymtheg oedd *Y Brython*. Dyma farn Syr John Rhys am y cylchgrawn hwnnw mewn araith adeg cyflwyno doethuriaeth Prifysgol Cymru i **D. Silvan Evans**, un o'r ddau olygydd:

> Cyn tewi dylwn grybwyll y ffaith mai Hirlas (D. Silvan Evans), fy y cyntaf i dalu sylw neillduol i lên gwerin ein gwlad ac i ddwyn yr etifeddiaeth o'r gangen hon o'n hanes i fri a pharchusrwydd. Ef, fel golygydd *Y Brython*, a chyda chynhorthwy cyhoeddwr gwladgar y gyfres ragorol honno, a gadwodd am gryn amser ganwyll y Cymry yn nghyn yn yr ystyr hynafiaethol ac yn yr iaith Gymraeg.[16]

Ymddangosodd *Y Brython* gyntaf yn Nhachwedd 1856 yn bapur wythnosol ac yna o ddechrau 1859 ymlaen yn fisol. Cynhyrchid ef mewn argraffwasg y tu ôl i'r 'Cambrian Pill Depot', ar gongl y sgwâr yn Nhremadog.[17] Yr un gŵr oedd perchen y Depot a'r wasg, sef fferyllydd diwylliedig o'r enw Robert Isaac Jones (Alltud Eifion).

Golygodd y cylchgrawn gyda Silvan Evans, hyd 1860, tra'r oedd hwnnw'n gurad tlawd yn Llŷn. Daliodd yr Alltud i gyhoeddi'r *Brython* hyd 1863, pan ataliwyd ef gan ddiffyg cefnogaeth. Eto, er mai dim ond am gwta bum mlynedd y cyhoeddwyd ef, bu dylanawad *Y Brython* yn eang. Ynddo ef yr ymddangosodd yr ymadrodd 'llên gwerin' gyntaf yn Gymraeg.[18]

Cyhoeddwr oedd yr Alltud yn bennaf. Ymddengys mai Silvan Evans oedd y grym symudol tu cefn i'r *Brython*. Yn wir, enynnodd wg ei esgobaeth oherwydd ei waith ardderchog yn golygu'r *Brython* a bu Silvan yn Llandegwning o 1848-52 ac yn Llangian o 1852-62.

Ganed Daniel Silvan Evans ym Mron Wilym Uchaf, Llanarth, Ceredigion yn 1818. Roedd Silvan, fel Glasynys, yn blentyn ei fam mewn ffordd arbennig iawn:

> Clywais ef ei hunan yn dweyd feod ei hanes boreol wedi ei ysgrifennu gan ddwyfol ysbrydoliaeth yn Niarhebion Solomon, (Pen. iv.3), – 'Canys yr oeddwn yn fab i'm tad, ac yn *dyner* ac yn *anwyl*yng ngolwg fy mam'. Amhosibl yw dychmygu pa faint y mae'r ysgolhaig Cymraeg hwn yn ddyledus i'w fam, heb ei glywed ei hunan yn pwysleisio'r geiriau *tyner* ac *anwyl* yn yr adnod. Gwraig synhwyrol, ddeallus, ddeallgar oedd ei fam, o gynheddfau cryfion ac wedi cael addysg y tu hwnt i wragedd cyffredin yr oes honno. Ganwyd hi yn 1777 . . . Pan yn enethig fechan clywodd lawer o lên y werin gan ei mam a thrysorodd hwynt yn ei chof; a phan ddaeth yn fam ei hun, adroddodd hwy drachefn i'w phlant. Silvan Evans oedd y chweched o saith o blant; ond gan i'r olaf farw pan yn ieuanc iawn, efe ydoedd i bob pwrpas yr ieuengaf yn y teulu; ac yn sicr ddigon ,cafodd ragor o chwarae-teg a chyfleusderau i glywd ei fam yn adrodd ystorïau a llên o'r fath. Dyna'r modd y cafwyd yr oll o'r cyfryw ysgrifennwyd ganddo yn *Ystên Sioned*, a dyma'r modd hefyd y cafwyd yr hyn a ymddanghosodd o waith ei ysgrifbin yn y penodau hynod ddyddorol a darllenadwy hynny a elwid yn 'Llên y Werin' yn Y Brython (1858-64).[19]

Ymhellach yn yr un erthygl dywedir:

> Y mae eto rai (chwedlau) cyffelyb iddynt ar gof gan y canon – neu yn hytrach, yn ei gof, ond heb eu hysgrifennu a'u croniclo. Diffyg amser . . . sy'n rhwystro ymddanghosiad rhagor o'r chwedlau hyn mewn 'preint', ar gof a chadw. Mae Cymru yn ddyledus, mewn modd neillduol, i'r wraig ragorol hon . . .

Mynegodd Silvan Evans yr un peth mewn llythyr dyddiedig Medi 26, 1892: 'Yr wyf fi, fel y gwyddoch, yn ddyledus i'm mam am y rhan fwyaf o'r chwedlau gwerin a gofnodais, a hithau, i raddau mawr, gan ei mam hithau'.[20]

Gwelir felly bod Silvan Evans yn *Y Brython* ac *Ystên Sioned* yn drosglwyddydd gweithredol y chwedlau gwerin llafar. Gosododd seiliau cadarn i'w dilyn gan ei ddarllenwyr a'i gyfranwyr ledled Cymru. Ysgogodd eraill i wneud yr un peth ac nid oedd wedi diysbyddu ei gronfa yn ôl llythyr dyddiedig Mawrth 16, 1901:

> A welsoch chwi waith newydd Rhys – *Welsh Folk-Lore?* Y mae yn frith o'r gwaith anfarwol hwnnw – *Ysten Sioned*. Crybwyllwch hyn wrth eich cymmydog, cyhoeddwr yr argraffiad cyntaf o'r *Ysten*. Y mae gennyf ddefnyddiau *yn barod* at *ystenaid* arall: ond pa le mae y cyhoeddwr.'[21]

Un o'r 'offeiriaid llengar' oedd Silvan Evans, a phwysleisiodd R. T. Jenkins mor arwyddocaol oedd hi i Syr John Rhys ei gyflwyno am radd doethur er anrhydedd Prifysgol Cymru.

> Yr offeiriaid hyn sy'n pontio rhwng Morusiaid Môn a Gwyneddigion Llundain ar y naill law ac ysgolheictod Rhydychen a Phrifysgol Cymru yn ein hoes ni. Bu Daniel Silvan Evans, y diwethaf ohonynt, fyw i dderbyn Doethuraeth gan Brifysgol Cymru, a'r areithiwr ar ddydd ei urddo oedd John Rhys, blaenor yr ysgol newydd.[22]

Gwedd ar weithgareddau hynafiaethol yr offeiriaid llengar oedd y casglu chwedlau gan Silvan. Gwladgarwch hynafiaethol oedd ei ysgogiad cyntaf i'w cyhoeddi. Wrth sôn am swyddogaeth *Y Brython* dywed:

> Achos cenedl y Cymry yw achos *Y Brython*: er lles y genedl y mae wedi llafurio hyd yn hyn, ac er lles y genedl y mae yn penderfynu llafurio rhag llaw . . . Y mae am wneuthur Y Cymro yn hysbys o'i wlad ei hun, ei hanes, ei hansawdd, ei hynafiaethau, a'i llenoriaeth, yng nghyd ag o'r gwrthddrychau y mae yn eu canfod o'i amgylch bob dydd . . . Y mae am i'r Gymraeg gael yr un chwarae teg a'r un ystyriaeth â rhyw iaith arall.[23]

Roedd Silvan Evans yn edmygydd mawr o Edward Lhuyd. Fel Lhuyd, sylweddolodd fod chwedlau'r werin Gymraeg yn rhan o'n diwylliant cenedlaethol. Yn bwysicach na hyn, drwy ei waith a'i aberth ei hun, llwyddodd i gyfleu pwysigrwydd y stori werin i eraill a rhoi cyfrwng mynegiant iddynt yng ngholofnau'r *Brython*.

Ni chofnododd Silvan ddim deunydd o Ardal Eryri. Erys ei bwysigrwydd yn ei waith yn annog eraill i gofnodi straeon gwerin ledled Cymru.

Cyrhaeddodd datblygiad cofnodi straeon gwerin drobwynt ym mherson a gwaith Owen Wynne Jones, **Glasynys** (1828-70). Cynrychiola Glasynys benllanw diddordeb hynafiaethol y personiaid llengar, yn gymysg â rhamantiaeth a gwladgarwch y bedwaredd ganrif ar bymtheg. Dyma un o'r personoliaethau mwyaf ei ddylanwad ar gofnodi straeon gwerin Ardal Eryri, a Chymru oll o ran hynny.

Ganed Glasynys yn Nhy'n y Ffrwd, Rhostryfan. Ei dad oedd John Roberts, Tan y Bryn, yng ngwaelod ardal Rhostryfan. Ann, merch Tyddyn Meinsier, yng nghwr uchaf Y Groeslon oedd ei fam. Aml yw tystiolaeth Glasynys am ddylanwad ei fam a'i gartref arno:

> Pan fydd plant y chwarelwyr ar ôl noswylio o'u tadau yn chwarae o gylch eu gliniau ar yr aelwyd, oni chlywant yn aml ryw ymddiddan diniwaid am yr hen feirdd. Onid ar adeg fel honno y cefais innau, yn hogyn, y dueddfryd i fyfyrio ar bethau perthynol i fro addwyn fy ngenedigaeth.[24]

Dywed beth tebyg mewn lle arall:

> Mi glywais fy mam, pan oeddwn yn lâs-hogyn, yn mynd dros yr hanes a ganlyn lawer gwaith. Ydyw, y mae'r geiriau eglur, yr olwg syml, yr ystum prydferth, y llygaid hynny ag y mae'r ceufedd wedi eu mynnu iddo ei hun, yn fyw o flaen fy llygaid! Pan yn gwau ei hosan ar ddechreunos, o flaen tanllwyth braf o dân, mi fyddai yn ddifyr clywed barddoniaeth mewn iaith rydd – clywed adroddiad di-ymgais mam wrth ei hanwyliaid er mwyn eu dyddanu.[25]

Ceir disgrifiad mydryddol cyffelyb yng 'Nghathl yr Ucher'.[26] Ar ei farwolaeth, ym medd ei fam y mynnodd gael ei gladdu – 'Yn ei byd hi y buasai ef fyw'.[27]

Ar wahân i'r hyn a ddysgodd gan ei fam, digon bylchog fu ei addysg ffurfiol. Yn 1850 aeth i Glynnog i gadw ysgol dan nawdd Eglwys Loegr. Mae'n sicr iddo gael Eben Fardd yn gymydog yn awr, os nad yn athro cynt, a thyfodd cyfeillgarwch cryf rhyngddynt. Er mai dim ond am bum mlynedd y bu yma, sgrifennodd Eben amdano yn ei bennod ar 'Feirdd a Gwyr Llythrenog' Clynnog. Tybia Saunders Lewis mai Glasynys yntau yw awdur yr ysgrif ar Eben yn *Enwogion Cymru*, Isaac Foulkes.

Roedd Glasynys eisoes wedi dechrau llenydda drwy anfon erthyglau i'r *Cymro*. Yn 1854, tra yng Nghlynnog, cyhoeddodd ar y cyd gyda'i frawd *Fy Oriau Hamddenol, sef Caniadau Moesol a Diryrus gan Gwyndaf Hen a Chaersallwg*. Yn 1854 cychwynnwyd yr *Herald Cymraeg* a sgrifennodd

Glasynys lawer llythyr iddo dan y ffugenw Salmon Llwyd. Yr un flwyddyn sefydlwyd *Baner y Groes,* dan arweiniad Ab Ithel. Ceir rhan gyntaf nofel fer Glasynys yn y rhifyn cyntaf, sef *Dafydd Llwyd, neu Ddyddiau Cromwel.*

Yn 1855 symudodd i gadw ysgol yn Llanfachreth, a bu yno hyd 1859. Roedd hwn yn gyfnod tyngedfennol yn ei fywyd gan nad oedd Llanymawddwy, lle trigai Ab Ithel, ond rhyw bymtheng milltir i ffwrdd. Yn ail i ddylanwad ei fam, Ab Ithel fu'r dylanwad mwyaf ar fywyd Glasynys: 'fe'i symbylwyd ganddo i gyflawni ei dynged danbaid ac i fyw fel y mynnai fyw.[28] Roedd Ab Ithel yn llawn egni llenyddol ac enynnodd hyn egni cyfartal Glasynys. Troes ei sylw at yr eisteddfod ac o hyn ymlaen cawn ef yn trefnu eisteddfodau ac yn cystadlu yn ddi-baid ynddynt.

Yn 1859 symudodd Glasynys i Feddgelert, ac yr oedd mor llawn o ysbryd yr eisteddfod nad oedd llonydd i'w gael ganddo heb gael eisteddfod ym Meddgelert. Ymhlith y testunau roedd traethodau ar 'Hynafiaethau a Chofiannau Plwyf Beddgelert' (Gwobr £7) a 'Sefyllfa Bresennol Merched Cymru' (Gwobr £2). Yn yr adran farddoniaeth roedd pumpunt am fugeilgerdd, teirpunt am gerdd yn adrodd chwedl Llyn y Morwynion a theirpunt am gerdd i'r 'Olygfa o Ben Craig y Llan'. Ymhlith testunau eraill roedd 'Llywelyn a'i Gi' a 'Phont Aberglaslyn'. Yn feirniaid dewiswyd Ab Ithel ac Ellis Owen, Cefnymeusydd. Mae dylanwad Glasynys yn drwm ar y dewis o destunau a beirniaid.

Gweithiodd Glasynys yn arbennig o galed ar gyfer yr eisteddfod. Cystadleuodd ar bedwar testun, sef y traethawd ar Feddgelert, y Fugeilgerdd, cerdd Llyn y Morwynion a Llywelyn a'i Gi. Crwydrodd bob cwr o'r ardal yn nodi ei hanes a'i chwedlau ar gyfer ei draethawd 'maith a llafurus'. Cyhoeddwyd Rhagymadrodd y traethawd yn *Y Brython,* fis Mai 1860.

Bu Glasynys yn brysur iawn ym Meddgelert yn 1860 – yn wir clywodd ei gyfaill Glaslyn ef yn dweud mai hon oedd blwyddyn fwyaf ffrwythlon ei fywyd. Nid oedd wythnos yn mynd heibio nad oedd yn cyfrannu rhywbeth i'r *Brython, Baner y Groes,* neu un o'r Cylchgronau eraill. Yn wir Glasynys oedd un o brif gynheiliaid *Y Brython* o'i gychwyn cyntaf yn 1858.

Byr iawn oedd y cyfnod euraid hwn ym mywyd Glasynys fodd bynnag, ac ar ôl ei urddo'n ddiacon yn 1860 aeth yn gurad i Langristiolus. Yn 1863 symudodd i Lanfaethlu a thybir iddo aros yno hyd 1866. Dyma'r cyfnod y cyfarfu John Rhys, a oedd yn ysgolfeistr ifanc yn Rhosybol, ag ef.

Bu Glasynys yn ddiwyd iawn yn y cyfnod hwn. Er na chofnododd ddim o straeon gwerin Môn, cynnyrch y cyfnod hwn yw llawer o straeon *Cymru Fu*. Cyfrannodd yn helaeth i'r llyfr, a'i waith ef yw un rhan o bump ohono. O holl gyhoeddiadau Isaac Foulkes, 'Llyfrbryf' (1836-1904), y pwysicaf yw'r argraffiad cyntaf o *Cymru Fu*. Ymddangosodd y gyfrol gyntaf yn 1862. Daeth ail gyfrol yn 1863 a thrydedd yn 1864, a rhwymwyd y cyfrolau yn llyfr sylweddol. Dywed Foulkes, yn rhagair 1862, am y gyfrol:

> Y mae llawer ohoni 'oddi ar lafar gwlad', heb fod yn argraffedig erioed o'r blaen; ac y mae y gweddill wedi ei loffa o weithiau awduron enwog na allai y gweithiwr, yr hwn ydyw colofn gogoniant llenyddiaeth Gymraeg, fyth fforddio eu pwrcasu.

O'r *Brython* y cymerwyd llawer, ac oddi yno y cafwyd y cwbl o'r hyn sy'n sicr yn waith Glasynys ar gyfer y gyfrol gyntaf. Enghraifft dda yw 'Cae'r Melwr' – 'Y chwedloneg oreu a feddwn yn yr iaith Gymraeg ydyw'. Dechreuodd Glasynys sgrifennu o ddifrif ar gyfer yr ail gyfrol ac ef piau'r rhan helaethaf o'r drydedd.

Roedd Foulkes wedi bwriadu cyhoeddi cyfrol flynyddol fel hyn am beth amser, a chafodd gan Lasynys 'dwysged yn rhagor o gynyrchion ei ysgrifbin alluog ar gyfer rhifynau dyfodol'. Collwyd y rhain i gyd.

Ar ôl cyfnod yn y De, daeth Glasynys yn ei ôl i'r Gogledd yn 1868. Rhydd Glaslyn ddisgrifiad ohono sy'n ei ddangos yn dra gwahanol i'r hyn ydoedd ym mlodau ei ddyddiau. Erbyn hyn roedd yn 'llwyd ei wedd ac isel ei ysbryd'.[29] Rhoddodd Machreth Rees inni y darlun olaf a feddwn o Lasynys, fel yr oedd yn 1869, bron ar ddiwedd ei oes fer. Dengys y disgrifiad ei natur deimladwy a rhamantaidd i'r dim:

> Mynegodd i ni ei holl galon – ei helyntion, ei gamweddau, ei ofidiau, ei siomedigaethau, ei obeithion. A llwyddais innau yn hogyn pedair ar ddeg i ennill ei ffafr . . . Cefais fyned yn gydymaith iddo hyd y rhodfeydd a gerddasai gynt pan oedd ei galon yn ysgafnach. Siaradai yn ddibaid am hynafiaethau ac am feirdd a barddoniaeth, ac mewn tridiau dysgodd fi i garu Cymru a phopeth Cymreig. Adroddai hen broffwydoliaeth Taliesin am y Cymry gyda dwyster dystiai ei bod wedi ei cherfio ar ei galon, a fflamai ei lygaid gan ddigasedd at yr estron a ddygasai y rhan helaethaf o Ynys Brydain oddi ar hil Gomer. Yn ystod y tridiau hynny cefais olwg gliriach ar brydferthwch rhyddid a hagrwch gormes a thrawslywodraeth. Bûm gydag ef yn yr hen ysgoldy, ac yn y fynwent lle y gorweddai lliaws o rai fuasent iddo yn gyfeillion gynt. Gwelais ef yn wylo ar fedd ei hen letywraig

ffyddlon, ac yn prudd-sibrwd am ryw 'lannerch gysegredig ym mynwent llan y plwy'. Dros deirnos cysgwn yn yr un ystafell ag ef, a phan dybiai fy mod yn huno bûm yn ei wylio ar ei ddeulin yn nyfnder nos, a gwrandewais sŵn ei ddagrau a'i ocheneidiau. Clywais lawer chwedl am dano ar ôl hynny o bryd i bryd, ond ni fedrant wneyd i mi anghofio y Glasynys welais i yn y fynwent ac yn yr ystafell wely. Am hwnnw y byddaf fi yn meddwl bob tro y crybwyllir ei enw yn fy nghlyw.'[30]

Yn ystod y deng mlynedd rhwng 1855 ac 1865 cofnododd Glasynys lawer o chwedlau gwerin. Rhan oeddynt o'r gorffennol, fel y gwelai ef. Credai '. . . fod hên fywyd Cymreig fel eiddo pobl yr Hafod yn well, – yn ddiniweittiach, – yn onestach, – ac felly yn dduwiolach, na surni a chelwydd, balchder ac afrad, y wlad yn yr oes bresenol!'[31]

Chwalai lwch oesau a chenedlaethau oddiar gromlechau a charneddau, ac adfeilion hen gestyll a phalasau; a dygai allan drysorau newydd a hen o bron bob cwm, ac oddiar bob bryn y cerddai drostynt. Siaradai ag 'ysprydion' pob oes, a medrai gymdeithasu yn eithaf hapus â'r 'tylwyth teg' ar eu cylchoedd eu hunain; a gwnai i wagder hen geubrenau ac ogofäau y Dywysogaeth o ben bwygilydd i adseinio i chwedleuon a rhamantau na chlybu nemawr neb am danynt, nes y byddai y darllenydd yn sefyll mewn syndod wrth ddarllen yr hyn a ysgrifenai.[32]

Ple bynnag yr âi, byddai Glasynys yn sicr o gasglu a thrysori straeon a thraddodiadau yr ardal o fewn ychydig fisoedd.

Cofnododd Glasynys ei straeon mewn dull arbennig iawn, a'u gwneud yn rhan o'n llenyddiaeth. 'Ei unig fai, bron', meddai W. Gilbert Williams, 'ynglyn a'r traddodiadau ydyw ei fod wedi eu trin yn ei noe ei hun, ac wedi gadael argraff y noe arnynt, fel y ca'r hanesydd drafferth cael allan beth yw y ffurf wreiddiol i bob traddodiad.'[33] Nid ysgolhaig llên gwerin yn ôl ein safonau ni oedd Glasynys, ond artist. Dyma'i ddisgrifiad ef ei hun o'i arddull:

Rhaid i mi ymfalchio yn arw, os ydwyf eisoes wedi medru gwneud arddull i mi fy hun. Fy nghred i bob amser oedd nad oeddwn, yn ddim ond disgybl i'r anfarwol Elis Wynn; ie cofier yr Elis Wynn o Lasynys, a'i gyfoeswr trylen, E. Samuel. Gwir, fel y dywed un ysgrifennydd (nid ydyw yn Pharisead gobeithio), mai 'dull Morganwg' ydyw'r cyfan! Ymgais am ysgrifenu yn debyg i'r bobl a

> fedrant Gymraeg Gymreigaidd, ac nid y furgeniaith aflednais sydd yn anurddo ein llenoriaeth y dydd heddiw, yr ydwyf.[34]

Eto mae cyfraniad Glasynys yn enfawr. Trwy gyfrwng ei sgrifennu bywiog poblogeiddiodd y stori werin lafar a'i gwneud yn rhan o dreftadaeth lenyddol y Cymro. Sylweddolodd John Rhys bwysigrwydd Glasynys fel cofnodydd llên gwerin a defnyddiodd lawer o'r hyn a gofnodwyd ganddo ar gyfer *Celtic Folklore*. Yn yr un modd defnyddiais innau ei straeon ar gyfer y traethawd hwn, gan ei fod wedi cofnodi am y tro cyntaf lawer o chwedlau nad oeddynt ond i'w cael ar lafar. Ar yr un pryd rhoddodd ysgogiad i fwy o gofnodi ac ymddiddori ym myd y stori werin lafar.

Gwelir arddull cofnodi Glasynys ar ei orau yn straeon *Y Brython* a *Cymru Fu* – o arswyd cynyddol chwedl 'Y Plas a Gythryblid gan Rywbeth' (tt. 453-64) at ddireidi hanes 'Hen Lanciau Clogwyn y Gwin' (tt. 487-9). Meddai Glasynys ar ddawn y cyfarwydd i adrodd stori yn ddiddan. Er enghraifft, dyma'r chwedl 'Dyn yn Priodi un o'r Tylwyth Teg' a'r modd y trechodd Bella ei ffawd:

> Un diwrnod aeth y ddau allan i farchogaeth, a digwyddodd iddynt fyned i ymyl Llyn y Gadair, aeth ei cheffyl hi i'r domen a suddodd at ei dor. Wedi tynu ei anwyl *Bella* oddiar ei gefn, a ffwdanu cryn lawer, caed y ceffyl i'r lan, a gollyngwyd ef. Yna cododd hithau ar gefn ei un ei hun, ond yn anffortunus wrth frysio ceisio rhoi ei throed yn y gwrthol (gwrthafl), llithrodd yr haiarn a tharawodd, neu yn hytrach cyffyrddodd, a phen glin y Wyddan. Cyn eu bod wedi cyrhaedd haner y ffordd adref yr oedd amryw o'r teulu bach yn ymrithio, a chlywai sŵn canu soniarus ar ochr y bryn; a chyn cyrhaeddyd Drws Coed yr oedd wedi myned oddiarno, a bernir iddi ddianc i Lwyn y Forwyn, ac oddiyno i'r byd isod, – i wlad hud. Gadawodd ei blant bach anwyl i ofal ei hanwylyd, ac ni ddaeth mwy ar eu cyfyl. Ond dywed rhai y byddai ar brydiau, er hyny yn cael golwg ar ei hanwyl un yn y wedd a ganlyn. Gan na oddefai cyfraith ei gwlad iddi rodio ar y ddaear gyda neb un daearol, dyfeisiodd ei mam a hithau ffordd i osgoi'r naill a chaffael y llall. Rhoed tywarchen fawr i nofio ar wyneb y llyn, ac ar hono y byddai am oriau meithion yn rhydd-ymgomio yn anwylfryd â'i phriod, a thrwy y cynllun hwn medrasant gael byw gyda'u gilydd nes y 'gollyngodd ef ei enaid allan gan awel'. Bu ei hepil yn perchenogi Drws Coed am lawer oes, a chyfathrachasant a chymysgasant a phobl y wlad, a bu llawer ymladdfa fileinig, mewn oesoedd diweddarach, yn Ngwyl-mab-santau Dolbenmaen a

Phenmorfa, oblegyd y byddai gwŷr Eifionydd yn gwaeddi Bellisiaid ar bobl y Penant. Yma y terfyn chwedl y Wyddan.[35]

Dyma gofnodi prif elfennau chwedl leol yn gywir, ac er bod 'ôl y noe' arni, gellir ei derbyn fel fersiwn cywir: yr arddull a loywir gan Lasynys, nid y chwedl. Yn aml iawn mae ei eirfa'n gyfoethog a newydd ac yn ddigon ystwyth i roi siawns iddo gynnwys llawer o ymadroddion yr adroddiad llafar yn hollol naturiol; er enghraifft yn 'Y Plas a Gythryblid gan Rywbeth' dywedir fod y wraig 'am dori tipyn o *gyt* er mwyn dangos i'r wlad, yn enw dyn, eu bod hwythau yn rhywun' (tt. 454-5). Anaml, os byth, yr aiff ei arddull dros ben llestri yn y straeon, fel y mae'n tueddu i wneud yn ei sgrifennu mwy 'ysgolheigaidd'.

Beth, felly, oedd cymhelliad Glasynys i gofnodi'r straeon hyn fel y gwnaeth? Roedd mwy iddo nag awydd y cofnodydd llên gwerin i'w rhoi ar gof a chadw: Roedd ynddo hefyd ddyhead yr artist i greu. Roedd Glasynys yn ymgorfforiad o ddelfrydau hynafiaethol, gwladgarol a rhamantaidd y bedwaredd ganrif ar bymtheg yng Nghymru. Credai fod gan y gorffennol wers bwysig i'w dysgu i'w oes ef. Ysgogiad Glasynys i sgrifennu ei straeon oedd y teimlad fod y Gymru Fu a ddarluniai ar ddarfod amdani a'i fod am ei throsglwyddo yn ei glendid i'r dyfodol, a hynny yn y modd gorau a allai. Rhan annatod o'r glendid hwnnw oedd y straeon gwerin.

Daeth William Jones, **Bleddyn** (1829-1903), i'r amlwg yn 'Eisteddfod Glasynys' ym Meddgelert yn 1860. Synnodd bawb drwy ddod yn gydradd â Glasynys ei hun ar y traethawd ar 'Hynafiaethau a Chofiannau Plwyf Beddgelert'.

Ganed William Jones ym Meddgelert, yr hynaf o nifer o blant a aned i John a Chatrin Jones. Roedd Elin, gwraig Glaslyn, yn chwaer iddo. Cyfeiriodd Charles Kingsley at y tad, a oedd yn glochydd a cherddor, yn *Two Years Ago.*

Yn 1841, pan oedd yn ddeuddeg oed, prentisiwyd Bleddyn yn ddilledydd gyda Richard Owen yng Nghaernarfon. Mae'n bosib mai'r sioc o adael cartref mor ifanc a'i ysgogodd i ymddiddori yn hynafiaethau ei blwyf genedigol. Yn ôl Glaslyn:

> Yr oedd wedi dyfal chwilio hanes ei wlad a'i genedl, ac wedi ffuretu allan bethau cudd, a hynny er pan ydoedd ond bachgen pengrych deuddeg oed, a pharaodd i lafurio yn y maes cyfoethog a hyfryd hwn hyd ddiwedd ei einioes.[36]

Ar ôl cyfnod yng Nghaernarfon, aeth i weithio gyda Robert Llwyd, Llan Ffestiniog, un o ddisgynyddion Huw Llwyd Cynfal. Roedd Bleddyn yn ei afiaith yma, oherwydd cafodd gyfle i gopïo cryn nifer o lawysgrifau Cynfal. Flynyddoedd yn ddiweddarach cafodd Glaslyn eu darllen ganddo a dyma ddechrau ei ddiddordeb angerddol yntau mewn llawysgrifau.

Symudodd William Jones o Ffestiniog i Borthmadog, lle sefydlodd mewn masnach ar ei gyfrifoldeb ei hun. Bu yno am beth amser, meddir. Ym Mhorthmadog ffurfiodd gyfeillgarwch agos ag Ieuan Madog, Alltud Eifion ac Ellis Owen, Cefnymeusydd.

Cyhoeddodd Bleddyn ei draethawd ar Feddgelert bennod wrth bennod yn *Y Brython.* Alltud Eifion oedd un o'r rhai cyntaf i sylweddoli rhagoriaeth Bleddyn fel 'hynafiaethwr'. Ail-wampiodd yr Alltud y traethawd yn llyfryn destlus, ei gyhoeddi ar ei gyfrifoldeb ei hun, a gwerthu cannoedd o gopïau yn yr ardal.[37] Yn ôl Ab Ithel, roedd y traethawd ymhlith y rhai gorau yn y maes hwnnw, a byddai ei gyhoeddi 'yn sicr o ennyn awydd am ychwaneg o lenyddiaeth o'r fath'.

Ar wahân i ambell erthygl ar hynafiaethau a daeareg, ychydig iawn o lafur Bleddyn a gyhoeddwyd. Roedd mor dawedog a gwylaidd fel mai anodd oedd ganddo sgrifennu dim i'r wasg. Ond fel William Williams, Llandygái, bu'n barod iawn ei gymorth i eraill. Gŵr distaw, diymhongar, a thu hwnt o swil ydoedd.

Enillodd Bleddyn yn Eisteddfod Conwy, 1861, ar 'Conwy a'i Hamgylchoedd', ac yn 1872 bu'n fuddugol yn Eisteddfod Madog ar 'Hanes Eifionydd'. Casglodd lawer o waith ei ewythr, John Thomas (Siôn Wyn o Eifion), hefyd, a chyhoeddodd Alltud Eifion ef. Yn 1880 (ar gyfer Eisteddfod Genedlaethol Caernarfon) sgrifennodd draethawd ar lên gwerin Sir Gaernarfon. Ei waith mawr arall oedd casgliad safonol o ddiarhebion Cymraeg, a gyhoeddwyd gan O. M. Edwards.[38] Roedd miloedd o ddiarhebion yn y casgliad, gan gynnwys llawer o rai newydd. Yn wir, roedd y casgliad mor fawr nes rhannu'r gwaith yn ddwy gyfrol. Y gyfrol gyntaf yn unig a argraffwyd.

At ddiwedd ei oes cafodd Bleddyn strôc barlysol a'i gwnaeth yn fethiant. Roedd ganddo gasgliad gwerthfawr o lyfrau a llawysgrifau a gorfodwyd ef i'w gwerthu o un i un er mwyn cael arian at ei fyw. Dywedir y bu nifer o lenorion ac ysgolheigion, gan gynnwys John Rhys, yn garedig iawn wrtho yn ei gystudd olaf.

Ond beth oedd cefndir diwylliannol Bleddyn? Sgrifennodd beth o'i hanes i John Rhys ac yma gwelir cefndir gŵr a fagwyd mewn ardal lle'r oedd y storïau a'r traddodiadau a gofnododd yn bethau llafar byw. Bywyd gwâr a'i seiliau yn gadarn yn y gorffennol:

Fe'm ganed a'm maged ym mhlwyf Beddgelert, un o'r ardaloedd mwyaf gwerinaidd a'r lleiaf ei gyfnewidiad yn yr holl wlad. Arhosai rhai o'r hen arferion Cymreig o fewn fy nghof: a hynny yn sgil dylanwad gwrthwynebol y Diwygiad Methodistaidd bondigrybwyll, ac rwyf i fy hun wedi gweld nifer o Nosweithiau Gweu, a Neithiorau . . . Yn y cynulliadau hyn roedd dawns a chwedl yn elfen hanfodol yn y diddanwch, a hynny mewn cyfnod pan oedd y Diwygiad uchod eisioes wedi difa'r Nosweithiau Llawen a'r Gwyliau Mabsant cyn dyddiau fy mebyd, er bod llawer o'm cydnabod hŷn yn eu cofio'n dda, ac yn cofio'n eglur ugeiniau o'r chwedlau diddan yr arferid eu hadrodd am y gorau yn yr olaf o'r cyfarfodydd hirnos uchod. Rwyf wedi clywed amryw ohonynt yn cael eu hail-ddweud gan wŷr y genhedlaeth yma.

. . . Ymddengys bod llawer o'm hynafiaid yn dra hoff o chwedlau, barddoniaeth a chanu a chlywais ddweud bod rhai ohonynt yn alluog iawn yn y pethau hyn. Felly hefyd, yn achos fy rhieni, roedd swyn y gorffennol yn hudo'r ddau ohonynt; a phan gyfarfyddai y perthnasau o Ddolwyddelan a Beddgelert yn y naill blwyf neu'r llall ni fyddai diwedd ar yr olrhain achau ac am y gorau i adrodd chwedlau. O wrando arnynt, llanwyd finnau â'r awydd i ddod yn hyddysg yn yr achau a'r chwedlau. Arferai fy rhieni adael i mi fynd bob nos i dŷ fy nhaid, Wiliam ab Rhisiart, y clarc, i wrando straeon a chlywed darllen llyfrau buddiol. Roedd fy nhaid yn ddarllenwr heb ei ail . . . Arferai llawer o bobl gyfarfod ym Mhen y Bont gyda'r nos i sgwrsio ac roedd eu straeon bob hyn a hyn tu hwnt o ddiddan. Wrth gwrs, gwrandawn â chlustiau effro a cheg agored er mwyn, o glywed rhywbeth newydd, gallu ei ail-adrodd wrth fy mam. Ei harfer hithau, yn ôl pob tebyg, yn anfodlon gadael i neb gael y gorau arni, oedd dweud stori debyg iddi, yr hon a glywsai gan ei mam, ei nain neu ei hen fodryb o Wastad Annas, yr hon oedd yn fardd gwlad eithaf da. Yna arferai fy nhad, os nad oedd yn digwydd bod yn brysur gyda'i lyfr cerddoriaeth, ddweud stori a glywsai gan ei nain neu ei daid, yr hen John Jones, Ty'n Llan, Dolwyddelan, neu dywedai rhywun arall stori. Dyna un ffynhonnell lle cesglais fy ngwybodaeth o lên gwerin; ond rhoed terfyn ar hyn pan symudasom o Feddgelert i Gaernarfon yn 1841 . . .

Ar wahân i'r rhai . . . a arferai ddod i dŷ a gweithdy fy nhaid i adrodd straeon, arferai efail y gof, yn arbennig ar ddiwrnod gwlyb, fod yn lle ardderchog am stori a llawer gwaith y llechais yno yn hytrach na mynd i'r ysgol, er mwyn clywed yr hen William Dafydd y saer, yr hwn – heddwch i'w lwch? – yfodd aml gornaid o'r Chwart Mawr heb dorri i lawr, a'r hen Ifan Owen, y pysgotwr, yn carlamu mynd gyda'i straeon a oedd weithiau yn ddim ond celwydd noeth a thro arall yn wirionedd. Roedd y cyntaf yn ddoniol iawn ac yn dynnwr coes mawr, byth a hefyd yn cynllunio rhyw dric. Gwnai i bawb chwerthin, tra cadwai'r ail ddifrifoldeb sant, pa mor gelwyddog bynnag y stori a adroddai. Soniai straeon gorau Ifan Owen am Ellyll y Dŵr, neu 'Lamhigyn y Dŵr' fel y galwai ef. Nid oedd erioed wedi gweld y Llamhigyn ei hun ond gwelsai ei dad ef 'gannoedd o weithiau' . . . Mae'r ddau gymeriad doniol yma . . . wedi marw ers amser maith, heb adael yr un o'u disgynyddion wedi eu bendithio â chymaint ag un o edafedd gwawn teneuaf yr adroddwr chwedlau . . .

. . . Ond prif storiwr fy nghyfnod ym Meddgelert . . . oedd Twm Ifan Siâms, brawd, fe gredaf, i Dafydd Siôn Siâms, y Penrhyn, a oedd yn fardd ac achyddwr. Trigai Twm yn Nanmor ond mis gwn beth oedd ei waith; roedd ei berthnasau, fodd bynnag, yn fân dyddynwyr, seiri a seiri maen. Nid yw'n anhebyg nad oedd yntau'n grefftwr, gan fod rhifau, mesurau a sgrifennu yn dra hysbys iddo, a gadawodd ar ei ôl gyfrol a ffurfiai lyfr achau a elwid, y 'Barcud Mawr' yn Nanmor, fel y dywedodd Gruffydd Prisiart wrthyf. Bu'r claf yn ei ddarllen lawer gwaith er darganfod llinach rhywun neu'i gilydd. Y cwbl allaf gofio am y cymeriad hwn yw ei fod mewn oed mawr – dros 90 – a'i fod yn crwydro o dŷ i dŷ yn ei henaint gan adrodd chwedlau ac olrhain achau; a mawr oedd y croeso a gâi gan bawb ym mhobman. Cofiaf, hefyd, ei fod yn fyr o ran maint, yn sionc, ffraeth, tu hwnt o ddiddorol, ac yn llafar ei farn ar unrhyw bwnc. Arferai alw i weld fy nhaid ar ei deithiau a mawr oedd y croeso a gâi gan fy rhieni oherwydd ei chwedlau a'i wybodaeth achyddol. Daeth chwedl yr afanc, fel y mae yn fy nghasgliad, o'i enau ef . . . Roedd gan Twm Ifan Siâms straeon digri am driciau Gwrach y Rhibyn, Y Bodach Glas, a'r Bwbach Llwyd, y rhai a lechai yn Nanmor a Llanfrothen; roedd ganddo hefyd chwedl ddiddan iawn am garwriaeth llongwr o Foel y Gest, ger Porthmadog, a morforwyn, ac mae gennyf gof pur dda am hon. Credaf i Twm farw yn y flwyddyn 1835-6 pan oedd tua pymtheg a phedwar ugain.[39]

O ran cofnodi straeon gwerin yn yr iaith yr adroddwyd hwy credaf nad oes curo ar draethawd Bleddyn. Cofnododd yn ffyddlon straeon a glywsai ef yn cael eu hadrodd ym Meddgelert:

Clywais fy mam yn adrodd chwedl am Fab y Ffridd, yr hwn wrth ddychwelyd adref o Ffair Beddgelert yn rhywle oddeutu Pen Cae'r Gors a welodd beth afrifed o'r Tylwyth Bach yn neidio a phrancio ar bennau ay grug. Efe a eisteddodd i lawr i edrych arnynt, a daeth hun drosto; ymollyngodd i lawr a chysgodd yn drwm. A phan oedd felly, ymosododd yr holl lu arno a rhwymasant ef mor dyn fel na allasai symud; yna hwy a'i cuddiasant ef a'r tudded gwawn fel na allai neb ei weled os digwyddai iddo lefain am help. Yr oedd ei deulu yn ei ddisgwyl adref yn gynnar y nos honno, ac wrth ei weled yn oedi yn hwyr, aethant yn anesmwyth am dano ac aethpwyd i'w gyfarfod, eithr ni welent ddim oddiwrtho, ac aed gan belled a'r pentref, lle eu hyspyswyd ei fod wedi myned tuag adref yn gynnar gyda gwr Hafod Ruffydd. Felly aed tua'r Hafod i edrych a oedd yno, ond dywedodd gwr yr Hafod eu bod wedi ymwahanu ar Bont Glan y Gors, pawb tua'i fan ei hun. Yna chwiliwyd yn fanwl bob ochr i'r ffordd oddiyno i'r Ffridd heb weled dim oddiwrtho. Buwyd yn chwilio yr holl ardal drwy y dydd drannoeth ond yn ofer. Fodd bynnag oddeutu yr un amser nos drannoeth daeth y Tylwyth ac a'i rhyddhasant, ac yn fuan efe a ddeffrôdd wedi cysgu o hono drwy y nos a'r dydd blaenorol. Ar ol iddo ddeffro ni wyddai amcan daear ym mha le yr oedd, a chrwydro y bu hyd ochrau y Gader a'r Gors Fawr hyd nes y canodd y ceiliog, pryd yr adnabu ym mha le yr oedd, sef o fewn llai na chwarter milltir i'w gartref.[40]

Dyma ŵr a gofnododd straeon ei gymdeithas yn iaith ei gymdeithas pan oeddent yn rhan fyw a hanfodol ohoni. Nid sgrifennu o'r tu allan, ac felly drwy lygaid rhamantaidd, fel Glasynys a wnaeth chwaith, ond cofnodi o'r tu fewn. Roedd yn aelod o'r gymdeithas. Cofnododd Bleddyn ei straeon fel hanfodion diwylliannol y gymdeithas, heb geisio gweld ystyr pellach ynddynt. O'r herwydd mae sglein ar ei sgrifennu a miwsig naturiol ynddo, gan osgoi blodeuogrwydd arddull Glasynys. Cyflwyno'r straeon am yr hyn ydynt a wnaiff Bleddyn – nid eu defnyddio i greu byd delfrydol.

Sgrifennodd Bleddyn gryn lawer ar gefndir a damcaniaethau llên gwerin ond ychydig os dim ohono a gyhoeddwyd. Yn hyn o beth roedd y cofnodydd gwerinaidd hwn yn un o raglfaenwyr ysgolheigion diweddarach y stori werin, megis ei gyfaill John Rhys. Yn *Plwyf Beddgelert* ceisiodd ddinistrio'n 'wyddonol' y cysylltiad rhwng Gelert, ei Llywelyn, â Beddgelert. Fel hynafiaethydd reodd Bleddyn yn amheuwr mawr. Dyma'r dosbarth a alwai Glasynys y 'dosbarth gwadu popeth, a hwy wadent eu neiniau pe gallent.' Eto, dyma sail asutidaethau cyfoes ym myd y stori werin, sef olrhain traddodiad i'w gynsail er mwyn ondi datblygiad neu ddirywiad. Er i Bleddyn fethu olrhain yn ddigon pell yn achos Gelert roedd wedi cychwyn ar y llwybr iawn.

Er ei arbenigrwydd fel cofnodydd llên gwerin, ychydig sylw na chydnabyddiaeth a gafodd Bleddyn. Sylweddolodd D. E. Jenkins werth mawr ei draethawd a chyfieithodd ef i'r Saesneg dan y teitl *Bedd Gelert, its Facts, Fairies and Folk Lore*, gan ychwanegu llawer o fanion a fyddai o ddiddordeb i ymwelwyr Seisnig. Pwysodd Rhys yntau'n drwm arno, gan ddweud mai ef oedd 'yr awdurdod gorau a ganfûm sy'n dal yn fyw ar lên gwerin Beddgelert, Drws y Coed a'r ardal amgylchyno.' Cynhwysaf innau ei straeon yn fy nhraethawd er mwyn dangos y cyfoeth deunydd llafar oedd ar gael mewn *un* plwyf gan mlynedd yn ôl.

Un arall y daeth ei ddawn fel cofnodydd llên gwerin i'r amlwg drwy gyfrwng yr eisteddfod oedd **Hugh Derfel Hughes** (1816-90). 'Dyn dwad' i ardal Bethesda oedd Hugh Derfel, wedi ei eni ym Melin Cletwr, Llandderfel, Meirion.[41] Gweithio mewn ffermydd yma ac acw fu ei ran nes cael lle fel pwyswr yn Chwarel y Penrhyn. Er ei ddiffyg addysg ffurfiol roedd yn ŵr diwylliedig iawn. Fel cynifer o'r cofnodwyr cynnar, ysgolheigaidd oedd ei ddiddordeb mewn hynafiaethau, llên gwerin, barddoniaeth, daeareg a llysieueg.

Tua 1861 roedd cyfarfod llenyddol yn ffynnu yn Llandygái ac enillodd Hugh Derfel am draethawd ar 'Hynafiaethau Llandegai a Llanllechid'. Ar anogaeth y beirniaid, a chefnogaeth y gynulleidfa, argraffwyd ychydig gannoedd o gopïau o'r traethawd ym Methesda yn 1866.

Roedd gan Hugh Derfel gyfarwyddwyr ardderchog ar gyfer sgrifennu ei draethawd – Eos Llechid, Glasynys a Bleddyn. Eto, er iddo ddweud: 'Nid oes yn yr ardal odid hen ŵr, na hen wraig, na llenor na bum ar eu gofyn', ychydig yw'r deunydd llafar a geir yma. Yn hytrach casglu o ffynonnellau sgrifenedig a wneir. Yn wahanol i draethawd Bleddyn a straeon Glasynys, mae'r pwyslais yn drwm ar yr hynafiaethol, a hynny ar draul cofnodi straeon llafar. Eto cofnodwyd ambell stori lafar, megis cof y werin am Frwydr y Dalar Hir (tt. 13-14) neu'r chwedl ganlynol am eni Twm Siôn Cati am yr hwn y dywed 'unol draddodiad yr ardal':

> Prifiodd Catti Jones yn feichiog o John Wyn (o Wydir), ac i guddio y gwarth, anfonwyd hi dros y mynydd ar geffyl, a'r gwas yn ei dywys i fyned i Wîg, lle a berthynai mewn rhan i Wydir y pryd hwnw, ac yn mhell ar ol hyny, fodd bynag, ar y mynydd daeth gwewyr esgor ar Catti Jones, a throi a wnaethant i Foty'r Famaeth, lle ganwyd y bachgen a drodd allan yn Ismael Cymreig; ac arno lawer o nod y di*nod* man, a'r gwylltedd yr anadlodd arno gyntaf. Thomas y gelwid ef, gyda y cyfenwau John a Catti, er coffa am ei dad a'i fam. Bu fyw wedi hyny yn Nghlwt y Myrddyn, lle y mae godreu Cloddfa y Cae

arno, a'r man a feddianid cyn hyny gan Turpin, ond yr oedd gweithredoedd Twm yn taflu yr eiddo hwnw i'r cysgod. O'r diwedd rhag cywilydd a rhag iddo syrthio yn aberth i'r gyfraith, llwythwyd ei fam ac yntau a rhoddion gan deulu Gwydir, ac anfonwyd ef i Dregaron, lle bu ei enw yn ddychryn ac arswyd am gryn amser.'[42]

Pan oedd John Rhys yn casglu deunydd ar gyfer *Celtic Folklore* bu Hugh Derfel o gryn gymorth iddo, gan gofnodi nifer o chwedlau llafar, yn arbennig chwedlau am Dylwyth Teg Corwrion. I sicrhau trylwyredd ei waith holodd Hugh Derfel 'ddim llai na thri o hen bobl a aned ac a faged yn neu ger y llecyn.'[43] Yn y modd hwn cofnododd chwedlau megis 'Etifedd Corwrion yn Priodi Tylwythes Deg y Llyn' (tt. 54-5); 'Nocars Corwrion', (t. 53) neu 'Wyr Belene a'r Gwartheg Hud' (t. 55).

Dangosodd Hugh Derfel yn ei gyfraniad i *Celtic Folklore* bod ganddo'r ddawn i gofnodi straeon gwerin, ond yn anffodus ni wnaeth hynny drwy blwyfi Llandygái a Llanllechid: gwladgarwr o hynafiaethydd ydoedd ac roedd mwy o ramant mewn carnedd a murddyn nag yn straeon a chwedlau ei gymdogion.

Ym mis Awst 1891 ymddangosodd rhifyn cyntaf *Cymru,* dan olygyddiaeth O. M. Edwards. Sylweddolai O. M. Edwards bwysigrwydd cael y werin bobl i sgrifennu Cymraeg naturiol os oedd dyfodol i fod i'r iaith. Roedd ef ei hun eisoes wedi dechrau sgrifennu felly yn ei lyfrau. Yn awr rhoddodd *Cymru* i'r gwerinwr i'w fynegi ei hun.

Ceir sôn o bryd i'w gilydd am y gwerinwyr diwylliedig a 'fagwyd' gan O. M. Edwards. Yn eu plith mae rhai o gofnodwyr gorau'r stori werin yn Ardal Eryri – gwŷr megis Glaslyn, Myrddin Fardd a Charneddog. Dyma hoelion wyth ymysg straeon gwerin Cymru.

Yn ei ragair i *Celtic Folklore* dywed John Rhys na chyfrannodd ardaloedd Seisnig Cymru fawr ddim ar ei ymchwil tra'r oedd sir fwy Cymreig Caernarfon ar y blaen yn rhwydd. Cododd to newydd o gofnodwyr llên gwerin yn Sir Gaernarfon – o gwmpas ardal Beddgelert eto, yn awgrymiadol iawn. Roeddynt ymhlith cyfranwyr mwyaf toreithiog *Cymru* ac yn cynrychioli parhad o'r hyn a gychwynnwyd gan Lasynys a Bleddyn.

Un o'r pwysicaf o'r cofnodwyr hyn oedd Richard Owen, **Glaslyn** 1831-1909). Ganed ef yn Y Parc, Llanfrothen. Roedd yn un o naw o blant a aned i John Owen ac Elisabeth ei wraig. Gan mai chwarelwr cyffredin oedd y tad, digon tlodaidd oedd magwraeth Glaslyn.

Ychydig iawn o addysg gynnar a gafodd Glaslyn, ar wahân i'r Ysgol Sul, a gorfu arno fynd yn was bach i Ynysfor pan nad oedd ond ifanc iawn. Yn bedair ar ddeg aeth i Ffestiniog i weithio yn y chwarel.

Ymadawodd ar ôl hel digon o arian i dalu am fwy o addysg. Aeth i ysgol a gedwid gan hen ŵr o'r enw Owen Morus yng Nghapel Ramoth, ond ni thybir i Laslyn ddysgu fawr mwy na darllen a sgrifennu yno. Pan ddarfu ei arian aeth yn ei ôl i'r chwarel.

Pan oedd yn llanc ifanc, rhwng deunaw a thair ar hugain oed, ymddiddorai mewn cerddoriaeth. Canai gyda chôr Llanfrothen ac wrth ymweld â Beddgelert i gystadlu trawodd ar Elin, chwaer Bleddyn. Priodwyd y ddau ac aethant i fyw i Feddgelert gan gadw siop lyfrau a llety ymwelwyr.

Ar ôl symud i Feddgelert dechreuodd ei amlygu ei hun fel bardd. Dyma gyfnod euraid ei fywyd. Lluniodd ugeiniau o gerddi a darllenodd weithiau'r prif awduron Cymraeg a Saesneg. Dyma hefyd gyfnod ei gyfeillgarwch â Bleddyn a Glasynys, ymhlith eraill.

Bu'n chwarelwr am beth amser wedyn, gan symud o le i le. Aeth i fyw yn y diwedd i fwthyn bach Pen y Groes, ger Pont Aberglaslyn. Roedd lleoliad tawel y bwthyn wrth fodd ei galon a threuliodd weddill ei oes yno. Ar ôl gweithio yn y chwareli am gyfnod ymddeolodd i fyw yn gyfangwbl ar sgrifennu. Aeth gwaith a phleser yn un iddo bellach a gweithiai yn ddi-baid, ddydd a nos.

Sgrifennwyd y cwbl o waith Glaslyn ar ôl 1885, fwy neu lai, ym Mhen y Groes. Gwelir yn llyfryddiaeth anghyflawn Carneddog mor ddiwyd a chynhyrchiol y bu'r blynyddoedd olaf. Cymerai drafferth fawr gyda'i waith. Yn wir, sgrifennai ei brif erthyglau ddwywaith a theirgwaith, gan eu gwella bob tro. Bu Carneddog yn ei gynorthwyo am flynyddoedd pan aeth ei law yn rhy grynedig i sgrifennu. Yn ôl Carneddog, sgrifennodd lawer o'i brif weithiau ar gyfer yr Eisteddfodau, y cyfarfodydd llenyddol a'r Wasg.

Hynafiaethydd ac ysgolhaig ydoedd Glaslyn yn bennaf. Bu'n gohebu, er enghraifft, gyda John Rhys a'r Parch. D. Lloyd Jones, Llandinam ar byncinau hynafiaethol. Dyma'i ddisgrifiad o'i ddiddordebau:

> . . . mae rhyw awydd angerddol ynnwyf am chwilio ac olrhain gweddillion henafol, bregus, a llwydion, hen adeiladau, carneddau, cromlechau, caerfeydd, a'r cylchau, neu olion y bwthynod crynion a gam-enwir yn 'Gytiau Gwyddelod'. Anhawdd hefyd ydyw peidio crwydro yn fyfyriol ar draws y llanerchau lle y cyfeiria bys traddodiad y bu 'câd ar faes'; weithiau ein tadau yn ymladd am eu hanibyniaeth, bryd arall y naill dywysog yn ymladd am oruchafiaeth ar y llall. Mae pob llannerch o Gymru yn llawn o ddefnyddiau hanes, ac mae ein tadau wedi gadael eu hanes i ni, mewn hen adeiladau, carneddau, &c., ac anhawdd crwydro dros unrhyw lannerch heb

> deimlo fel beddau ein cyndadau megis yn chwyddo dan ein traed.[44]

Eto sylweddolodd Glaslyn bwysigrwydd straeon gwerin hefyd:

> Mae y chwedlau a'r cofiannau oedd ar arfer yn y cymoedd hyn flynyddau yn ol am y Tylwyth Teg, campau gwroniaid, a llên serch a chân, yn llawer mwy diddan ac addysgiadol na dim a geir yn y gred mewn swyngyfaredd, neu'r 'gelfyddyd ddu'. Mae'n wir fod y chwedlau a'r cofiannau hyn yn ymddangos i lawer yn afresymol, anaturiol a gwyrthiol; ond y maent yn awgrymu mwy i'r meddwl na'r hyn a wel y llygad, nac a glyw y glust. Nid yw yr hyn y gellir ei esbonio mor bwysig a'r hyn nas gellir – y dirgel a'r amhosibl sydd yn creu meddylgarwch ac yn ennyn awydd farddonol yn y meddwl. Mae y meddwl Cymreig mor aflonydd fel y mae yn symud ei derfynau ac yn chwanegu ei gofiannau yn barhaus, ac mae wedi bod trwy faith oesoedd yn ymestyn at y gwir a'r sylweddol, am na fyn fod y pethau sydd yn ddim ond cysgodion, ac mae wedi creu gwledydd newyddion, a'u llenwi â phob math o greaduriaid, ymhlith y rhai y mae y Tylwyth Teg, a gwroniaid yr hen oesoedd, ac nid yw y Mabinogion ond pennod yn arwrgerdd fawr dynoliaeth.[45]

Gwelai Glaslyn y straeon gwerin yn rhan o fuchedd lân a gonestrwydd y gorffennol a dywed; 'mil gwell gennyf fi fuasai cael eistedd o dan y simdde fawr i wrando ar yr hen bobl yn adrodd chwedlau diniwed am gampau y Tylwyth Teg na darllen y sothach anaturiol a gyhoeddir fel nofelau a rhamantau yn y dyddiau hyn.[46]

Hawdd deall hyn, oherwydd bu'n gyfaill agos i Lasynys – 'y goreu am adrodd chwedlau y digwyddodd i mi ei gyfarfod, ac adroddai hwynt mor naturiol a hyfryd a chân aderyn'.[47] Apeliai'r chwedl lafar ato'n fawr ac roedd chwedlau llafar yr Oesoedd Canol yn rhoi 'mwy o oleuni ym mywyd Cymru y pryd hwnnw nag a feddyliwn ni'. Dywed iddo ddarllen chwedl Einion ab Meilir yn 1857, 'ac er ei bod yn ddifyr ddigon i'w darllen, fe fuasai ei hadrodd yn fedrus yn ychwanegu llawer at ei swyn a'i hyfrydwch'.[48]

Cofnododd Glaslyn nifer o chwedlau a chredoau gwerin yma ac acw yn y cylchgronau Cymraeg, yn arbennig yn *Cymru*. Yn wir, roedd lle i'w erthyglau rhwng cloriau *Cymru* bob amser, a dywedir i O. M. Edwards, yn nodweddiadol, wneud mwy na neb drosto, a datblygu ei adnoddau fel llenor. Roedd edmygedd yr 'Hen Lâs' ohono a'i barch iddo'n ddiderfyn. Ar ei wely angau dywedodd wrth Carneddog mai 'O.M.' oedd cymwynaswr mwyaf deuddeng mlynedd olaf ei oes.

Brithir ysgrifau Glaslyn â chwedlau a thraddodiadau gwerin. Mewn ysgrif ar Gwm Croesor[49] adroddodd y chwedlau a'r traddodiadau am Gastell Cidwm (t. 15), Ffynnon Elen (tt. 15-16) a Margaret Croesor (y wrach) (t. 16). Roedd ganddo barch mawr at y stori lafar – 'Traddodiad oedd Beibl ein tadau' – a chofnododd chwedl 'Lladd Arthur' yn ffyddlon, 'fel yr adroddwyd y chwedl i mi mewn hen ffermdy ar ochr y Wyddfa', gan nodi ei bod yn gwahaniaethu ychydig oddi wrth fersiwn Bleddyn:

> Yr oedd byddin Arthur yn gwersyllu yn Ninas Emrys yn Nant Gwynant – hen ddinas Gwrtheyrn, dinas Faräon, neu ddinas y duwiau, lle bu dreigiau y Brenin Lludd yn ymladd. Clywodd Arthur fod y Saeson yn gwersyllu yn Nghwm Tre Galan; a dewisodd y rhai glewaf o'i wŷr i fyned i'w herbyn, a gelwir y lle y gadawyd y gweddill, hyd y dydd heddyw, 'Buarth y Gwehilion'. Arweiniodd Arthur ei fyddin trwy gwm Hafod y Porth, a thros ysgwydd yr Aran i Gwm Tre Galan. Dyma lle bu ymladd tost a lladdfa fawr; ond y Cymry a orfuant, ac ymlidiwyd y Saeson tros Fwlch y Saethau, lle clwyfwyd Arthur. Ac Arthur a roddes orchymyn i'w filwyr i'w gludo i ogof yn y Wyddfa, lle caent oll orphwys ar eu harfau, hyd nes y gelwid hwy allan i ymladd tros anrhydedd Cymru a breiniau eu gwlad; a chauwyd genau yr ogof â meini mawrion. Yr oedd hyd yn ddiweddar garnedd ar ben Bwlch y Saethau a elwid Carnedd Arthur; ac y mae traddodiad hyd heddyw yn cyfeirio bys at 'feddau gwŷr Arthur' yn Nant Gwynant.
>
> Yn nghylch can' mlynedd yn ôl, yr oedd un Prys Morgan yn byw yn Cwm Dyli, a'i fab Owen yn bugeilio defaid ei dad yn y Wyddfa. Ryw ddiwrnod, tra'r oedd Owen yn bugeilio rhwng Bwlch y Saethau a'r Llyn Glas, daeth yn ystorm ofnadwy o fellt a tharanau, a'r gwlaw yn disgyn yn genllif i lawr, nes oedd y marion a'r meini yn dyriglo i lawr hyd gwterydd dyfnion y Wyddfa. Yn ei ymdrech am gysgod rhag y dymhestl, darfu i Owen ymwthio rhwng maen mawr a'r graig nes dyfod i enau ogof anferth; ac wrth gilio i mewn rhag y mellt, digwyddodd roddi ei droed ar rywbeth, a chanodd cloch nes adseinio trwy y lle. Ar ganiad y gloch fe oleuwyd yr ogof fawr megys gan fellten; ac er ei ddirfawr ddychryn fe welai lu mawr o filwyr yn codi ar eu traed a'u harfau yn disgleirio. Dihangodd am ei fywyd tuag adref, ac ni cherddodd gam byth yn iach ac wedi dihoeni am rai misoedd bu farw; a dywedai yr hen bobl fod ei galon wedi troi o'i fewn yn y dychryndod.[50]

Un arall o gyfranwyr selog *Cymru* oedd John Jones, **Myrddin Fardd** (1836/7-1921).[51] Ganed Myrddin yn Nhan y Ffordd, Llangian, yn fab i John ac Ann Owen. Roedd yn un o bump o blant – tair merch a dau fachgen. Cafodd ei addysg ffurfiol i gyd yn ysgoldy Foel Gron, Mynytho, cyn ei brentisio yn of yng Ngefail Plas Hen, Llanystumdwy. Ar ôl gorffen ei brentisiaeth bu'n gweithio fel gof yn rhai o chwareli Arfon a Meirion. Dychwelodd i Eifionydd, i Efail y Pandy, Chwilog, lle treuliodd y rhan fwyaf o'i oes.

Ymddiddorai Myrddin mewn barddoniaeth yn gynnar ar ei yrfa, ond hynafiaethau oedd maes ei ymchwil yn gyfangwbl o'r flwyddyn 1861 ymlaen,[52] a hynny am y credai iddo gael cam yn Eisteddfod Genedlaethol Conwy am ei awdl 'Mynyddoedd Eryri'. Gwilym Cowlyd a gipiodd y wobr a Myrddin yn ail.

O hyn ymlaen ymroddd â'i holl egni i gasglu llên gwerin, astudio hynafiaethau a sylfaenu ei 'Gronfa' enwog o lawysgrifau. Dyma lafur mawr gweddill ei fywyd. Roedd wedi ymddiddori mewn hynafiaethau cyn hyn ac roedd yn un o ddisgyblion Silvan Evans. Dywedai mai yn ystod y cyfnod y bu Silvan yn Llŷn y dechreuodd gasglu llawysgrifau. Bu ysgogiad arall i Myrddin hefyd, yn nes adref o lawer, sef o du ei frawd Manoethwy. Athro ysgol ydoedd ac ymddiddorai mewn hynafiaethau a llenyddiaeth. Cyhoeddwyd llawer o'i waith yn *Y Brython, Yr Haul, Golud yr Oes* a'r *Cymro*. Ar ei farwolaeth yn 1866 daeth llawer o'i lawysgrifau yn eiddo i Myrddin.

Cyhoeddodd Myrddin ddwsin o lyfrau yn ystod ei oes faith, a hynny gan mwyaf ar ei gost ei hun. Cynhwysant gasgliadau o'i farddoniaeth ei hun ac eraill, llythyrau enwogion, a beddargraffiadau, tafodiaith, enwau lleoedd a llên gwerin Sir Gaernarfon.

Yn ei lyfrau a'i lafur oll roedd gan Myrddin nod pendant i ymgyrraedd ato. Nid diddanu oedd hwnnw, er mor ddiddorol yw ei lyfrau, ond ymgais i achub yr hyn a dybiai oedd ar fynd i ddifancoll – yn llên gwerin, hynafiaethau, hanes a bywgraffiadau Sir Gaernarfon. Roedd yn chwilotwr manwl ac ar dân yn ceisio achub popeth o werth. Nid oedd y draul yn cyfrif dim yn ei olwg.[53]

Ar wahân i'w lyfrau sgrifennodd lawer o erthyglau gwerthfawr i gylchgronau megis *Y Brython, Golud yr Oes, yr Haul, Y Traethodydd, Llais Rhyddid, Cymru, Y Llenor* a *Wales* (O. M. Edwards).

Gwaith pennaf Myrddin yw *Llên Gwerin Sir Gaernarfon* (Caernarfon, 1908). Ymddangosodd gyntaf bennod wrth bennod yn *Y Genedl Gymreig*, Chwefror 4, 1908 ymlaen. Mae'n waith nodedig iawn ac yn cynnwys straeon, chwedlau, posau, ymadroddion, arferion, defodau a chredoau.

Casgliad o lên gwerin yw'r llyfr ac nid oes ynddo ddim ymdriniaeth ysgolheigaidd:

> . . . cofier mai ein nod penaf ydoedd *cofnodi* ac nid *athrolithio*, am fod egluro llawer peth yn llên gwerin Cymru yn gofyn cydnabyddiaeth â llên gwerin Ewrob, ac yn wir â llên ofergoelus y byd yn gyffredinol, yr hyn yw gwaith y chwedlonydd, yn hytrach na gwaith cynnullwr chwedlau lleol.[54]

Gwêl Myrddin bwrpas y casgliad yn glir:

> Y mae llawer o gasglu llên gwerin gwahanol genhedloedd y blynyddau hyn, ac y mae yn ddyledus arnom ddeffroi i gasglu 'traddodiadau y tadau', oblegyd y mae pob blwyddyn yn dwyn ymaith i dir anghof, o ychydig i ychydig, ddryll-ranau tra gwerthfawr o honynt, etc, er hyny, y mae yn foddhaol meddwl y gwneir ymdrech deg y dyddiau presennol, yn y cyfeiriad o'u diogelu, yn yr Almaen, yn Ffraingc, ac yn Lloegr; ac y mae pobl ddarllengar yr Almaen, yn awyddus iawn am gael gafael yn llên gwerin Cymru; a symudiad priodol fyddai casglu llawer mwy o'n llên gwerin, er difyrwch i ni ein hunain, yn ogystal ag i eraill. Gwasanaethant felly ddau amcan neillduol, sef cadw yn fyw lawer o gofion cymdeithasol hen genedl ddewr ac anrhydeddus, a gweinyddu diddanwch a gwybodaeth i'r rhai a'u cadwant yn yr 'adgof am a fu'.[55]

Casgliad ydyw i ddangos i'r oesoedd a ddêl y glendid a fu:

> Nid ydym wedi cyfyngu ein hymchwil i sylwadau deallus egwyddorion dyfn dysg, ddaethant i lawr o'r cynoesoedd; ond eu cymeryd oddiar lafar gwlad er mwyn cael yr enghreifftiau cywiraf ag sydd yn aros o lên gwerin yn yr arddull syml ag y gwelodd yr hen bobl yn dda ei gwisgo; heb bwyso ar y dde nac ar aswy, er achub rhag difancoll ychydig o'r briswion o bob math ag sydd yn llercian hwnt ac yma, fel y byddo iddynt fod o wasanaeth i hanesydd neu athronydd y dyfodol tuag at ffurfio cofadeiladaeth fyddo'n arhwyliad i'n holafiaid o'r llwybrau ar hyd y rhai y daethom at safle gwareiddiad.[56]

Mae gwerth parhaol y llyfr yn yr hyn a gofnododd yn ffyddlon oddi ar lafar:

> Cymhwys, gan hyny yr ystyriwn roddi ar ddeall nad ydym yn honi

awduriaeth yn y mesur lleiaf – dim ond crynhoi, yn fwyaf neillduol, yr hyn bethau barasant fwyaf o ddyddordeb ini wrth holi, gwrando, sylwi, a chasglu mân-gofion ag oedd yn aros ar gof a llafar mewn cilfachau anhygyrch yn nghyrion gwlad – lleoedd ag y ceid ynddynt hen bethau yn aros hwyaf heb ond ychydig gymysgedd; eithr mwy o wybodaeth draddodiadol – llai o'r llyfrynol, tra neb yn ymhoni ychwaneg o wybodaeth nag yn wirioneddol a feddiannent.[57]

Mae ynddo gyfoeth o chwedlau nas cofnodwyd yn unman cyn hyn, a'u harddull yn gadarn a bywiog. Enghraifft dda yw 'Cromlech Ganthrig Bwt':

Mae y lle hwn yn nghreigiau Mur Mawr, yn Mwlch Llanberis, y naill du i Ynys Helws. Gelwir ef felly, meddir, am fod hen wrach o'r enw Ganthrig wedi bod yn trigiannu yno. Heb fod yn mhell y mae lle arall a elwir Cwm-y-Wrach. Dywd traddodiad fod teuluoedd yn colli eu plant yn y cymmydogaethau hyny rai oesau yn ol, a methid er pob ymdrech a gwybod beth oedd wedi dod o honynt. Tybiai rhai mai rhyw anifeiliaid gwylltion oedd yn dyfod i'w lladratta, ac yn eu difa yr un modd ag yr oeddynt yn gwneyd gyda'r defaid. Yr oedd pawb yn adnabod yr hen wrach oedd yn byw tua'r gromlech, a byddai y plant yn rhedeg mewn dychryn pan y gwelent hi yn rhywle; ond ni ddaeth i feddwl neb y byddai yn gwneyd dim i un o honynt. Rywdro, yn mhen 'hir a hwyr' darfu i gi oedd gydag un o weision y Cwmglas, ddod o hyd i ddarn o ryw ysgerbwd yn agos i'r man ag yr oedd Ganthrig yn trigo, ac wedi sylwi arno, gwelwyd mai llaw plentyn bychan ydoedd, ac adnabyddwyd hi fel llaw un o'r plant oedd ar goll, drwy fod y bychan hwnw; o ryw anffawd wedi tori un o'i fysedd. Drwgdybiwyd Ganthrig fel yr un oedd yn lladrata plant, a'i bod hefyd yn eu lladd ac yn eu bwyta. Wedi deall hyn, penderfynodd y trigolion ei gwylio, ac os byddai bosibl rhoddi pen arni, ac aeth un o'r dynion at enau ei hogof, a chlywodd lais plentyn yn wylo. Gwaeddodd ar Ganthrig i ddod allan, fod ganddo blant iddi; hithau a ddywedodd y deuai ar ol iddi drin pen ei phlentyn. Cyn hir daeth allan, a rhuthrodd y dyn ati, a thorodd ei phen ymaith â chryman, a dywedir iddi gael ei chladdu mewn lle a elwir Tir Coch, yn agos i Lanberis. Ar ol hyn cafodd plant y gymmydogaeth lonyddwch.[58]

Myrddin Fardd oedd y cyntaf i gasglu a chofnodi straeon gwerin yn eu cyd-destun diwylliannol; casglodd atynt enghreifftiau o lên gwerin ardal er creu darlun cyfan o ddiwylliant. Oherwydd hyn erys y llyfr yn safonol hyd heddiw ac yn enghraifft ardderchog o'r hyn y dylai gwaith o'r fath fod.

Un o gyfranwyr mwyaf toreithiog *Cymru*, ac un arall o gasglwyr cylch Beddgelert, oedd Richard Griffith, **Carneddog** (1861-1945). Ganed Carneddog yn y Carneddi, nepell o Feddgelert. Mab ydoedd i Morris a Mary Griffith, ac roedd ei hynafiaid wedi byw yn y tŷ ers cenedlaethau lawer. Sonia William Hobley am yr hen Gristion diniwad, syml, a diwenwyn ei dad.[59]

Addysgwyd Carneddog yn ysgolion William Ellis yn Nanmor a Goerge Thomas Thomas ym Meddgelert. Cafodd yr olaf gryn ddylanwad arno ac ymddengys ei fod yn athro arbennig o dda. Canodd Carneddog lawer o'i glod ac ymddiddorodd yn hanes a datblygiad addysg yn ardal Beddgelert. Cyhoeddwyd nifer o'i erthyglau ar y pwnc yn *Cymru*.

Ffermwr defaid oedd Carneddog wrth ei ddiwrnod gwaith ond daeth yn enwog fel llenor ac awdur erthyglau mewn cylchgronau a phapurau newydd. Barddonai hefyd a dechreuodd gystadlu mewn eisteddfodau pan oedd yn ifanc. Sgrifennodd lawer i *Baner ac Amserau Cymru*, *Y Genedl Gymreig* a'r *Herald Cymraeg*, o tua 1881 ymlaen. Darllenai llawer ei 'Fanion o'r Mynydd' yn yr olaf. Sgrifennai lawer hefyd i *Cymru* – ar hanes a llenyddiaeth gan amlaf – ac yn Saesneg i *Bye-Gones*. Cyhoeddodd nifer o gofiannau, gan gynnwys *Gwaith Glaslyn* a nifer o gasgliadau o gerddi.

Roedd Carneddog yn enghraifft ardderchog o hanesydd lleol a llenor cefn gwlad. Chwilota fel hyn oedd ei bleser mawr:

> Deliais ati i chwilota drwy gydol y blynyddoedd, a bu'n ddifyrwch ac adloniant distaw a mwyn i ni ynghanol helbulon bywyd . . . yn yr hen gartref mynyddig. Ond dedwydd yw llenydda, ar ôl cael estyniad einioes. Chwilotais ymhob dull a modd, ac allan o bob ffynhonnell gyrhaeddadwy, gan droi hen lawysgrifau, a chyfrolau prin; ynghyd a chrwydro llawer i lyfrgelloedd.[60]

Fel Myrddin Fardd, roedd Carneddog yn gasglwr llyfrau a llawysgrifau ac roedd ei gasgliad yntau'n enwog. Ac nid gŵr a gadwai ei wybodaeth iddo'i hun ydoedd chwaith. Cydnebydd D. E. Jenkins, er enghraifft, y modd y cynorthwyodd ef pan oedd yn hel ynghyd ddeunydd ei lyfr ar Feddgelert. At Carneddog yr anfonid unrhyw un a holai am hynafiaethau'r plwyf, meddir.

Gan ei fod yn gyfaill i Bleddyn a Glaslyn naturiol ydoedd bod Carneddog yn ymddiddori mewn llên gwerin. Ni chyhoeddodd unrhyw gasgliad o straeon fel y cyfryw, ond brithir ei erthyglau ag enghreifftiau a chwedlau gwerin. Cyhoeddodd nifer o erthyglau ar wahanol agweddau ar lên gwerin ym Meddgelert – yn ddywediadau bachog diwygiad Beddgelert;[61] hanes cymdeithasol Bwlch Aberglaslyn, yn atgofion personol a dyfyniadau o lyfrau;[62] traethawd ar gyfer cylchwyl lenyddol Nant Gwynant, 1889 gan Wiliam Wmffra;[63] enwau lleoedd ym mhlwyf Beddgelert gan gynnwys chwedlau onomastig;[64] ymadroddion llafar ac arwyddion tywydd cylch Beddgelert.[65]

Yr hyn sy'n bwysig yng ngwaith Carneddog ydyw ei fod yn rhoi lle i straeon bachog, dywediadau ffraeth ac ymadroddion llafar yn ei waith a'i ddiffiniad o ddiwylliant. Yn hyn o beth roedd ymhell o flaen ei amser. Cofnododd rai straeon, er enghraifft am ddywediadau parod hen gymeriadau Beddgelert, a hynny mewn iaith lafar fyw:

Graddoldeb teiliwr Byddai teilwriaid yn aros yn fynych am wythnosau yng Ngwastad Annas, ac un noswaith treiodd prentis bychan amynedd a dawn Huw Dafydd, trwy ofyn iddo y cwestiwn athronyddol:- 'Be ydi y peth tybyca i ddyn ar gefn ceffyl'.

'Wyddost ti ddim y penbwl', ebai Huw, 'Ond teiliwr ar gefn caseg'.

Y tew a'r tenau – Ar gae fferm Hafod Lwyfog, yr oedd caseg neillduol o deneu yn pori. Un diwrnod, gwelodd ei pherchennog Huw Dafydd yn craff-sylwi arni wrth basio. Er mwyn achub y blaen arno, gofynnodd iddo:-

'A welsoch chi gaseg mor dena a hon yn byw rhyw dro?'

'Dwn i ddim wir, be' am hynny', meddai yr ysgolfeistr, 'ond gwn beth arall – mi welis rai tewach yn marw beth bynnag'.[66]

Bu Carneddog a'i fywyd yn esiampl a delfryd i lawer, ac er na chafodd 'ddisgybl' i'w ddilyn, rhoddodd bleser i gannoedd a phoblogeiddio llenyddiaeth, straeon a hynafiaethau Beddgelert am byth.

Bu un ymgais ddewr o fewn y Prifysgolion hefyd i gofnodi straeon gwerin Cymru. Syr **John Rhys** (1840-1915) oedd yn gyfrifol am y cynnig hwnnw.

Ganed John Rhys ym Mhonterwyd, sir Aberteifi. Digon cyffredin oedd amgylchiadau'r teulu. Un o Eglwys Fach yn yr un sir oedd ei dad, Hugh Rees. Dywedir ei fod yn ddarllenwr mawr ac yn Gristion cadarn.[67] Dywedir mai gwraig dawel a myfyrgar iawn oedd y fam, Jane Rees. Roedd Mary Lewis, chwaer y fam, yn llawer iawn mwy bywiog a chyda mwy o ddychymyg. Rhoddir gair da iawn iddi a dywedir bod Rhys yn hoff iawn ohoni. Hi piau'r clod am ysgogi Rhys gyntaf, pan oedd yn ifanc, i garu llên gwerin.[68] Hi hefyd oedd ffynhonnell llawer o'r deunydd a gofnododd. Cydnebydd yntau hefyd y straeon a gafodd gan 'Modryb Mari'.

Ar gychwyn ei yrfa ychydig fanteision addysgol a gafodd Rhys ond llwyddodd i fynd i'r Coleg Normal, Bangor. Ar ôl cyfnod yn dysgu yn Rhos-y-bol (pryd y cyfarfu â Glasynys), aeth i Rydychen yn 1865. Daeth i'r amlwg fel myfyriwr athrylithgar yng Ngholeg Iesu. Graddiodd yn 1869 a dilyn ei feysydd ymchwil ym mhrifysgolion Ffrainc a'r Almaen. Daeth yn ei ôl i Gymru yn 1871 ac am beth amser bu'n arolygwr ysgolion yn siroedd Dinbych a Fflint. Pan sefydlwyd Cadair Gelteg yn Rhydychen yn 1877 gwahoddwyd ef iddi. Cadwodd y gadair hyd ei farwolaeth a dewiswyd ef yn Brifathro Coleg Iesu yn 1895.

Sgrifennodd Rhys lawer erthygl safonol ar ieitheg i wahanol gylchgronau a chyhoeddodd amryw lyfrau yn cynnwys ffrwyth ei ymchwil. Ieithegwr ydoedd yng ngolwg y rhan fwyaf ac y mae hyn yn wir am ei yrfa hyd tua 1871. Y flwyddyn honno dechreuodd gasglu straeon gwerin. Ond datblygiad yn deillio o'i astudiaeth o ieitheg gymharol oedd hyn a phroses graddol ydoedd. Gellir olrhain y datblygiad hwn yn nheitlau ei brif weithiau: *Lectures on Welsh Philology* (Llundain, 1877, 1879); *Celtic Britain* (Llundain, 1882, 1884); *Celtic Heathendom* (Llundain, 1888); *Studies on the Arthurian Legend* (Rhydychen, 1891) a *Celtic Folklore* (Rhydychen, 1901).

Yn sgil ei waith ieithyddol canfu Rhys bod llawer o enwau'r duwiau a'r duwiesau Celtaidd ar gael. I'w dehongli gwelodd bod yn rhaid iddo ail-greu y fytholeg Geltaidd gynnar, a'i holrhain yn chwedlau a sagâu Cymru ac Iwerddon. Yn hyn o beth yr oedd yn dilyn esiampl mytholegwyr Cyfandirol amlwg, fel Max Muller, a ddarlithiai yn Rhydychen. Gwelir dylanwad ymchwil a damcaniaethau y mytholegwyr hyn yn olrhain pob chwedl, stori a myth yn ôl at heul-dduwiaeth yn amlwg yn yr araith a draddododd Rhys yn Eisteddfod Genedlaethol Caernarfon, 1880.[69]

Yn raddol datblygodd ei ddiddordeb mewn mytholeg gymharol ac er mwyn hyrwyddo ei astudiaethau dechreuodd gasglu tystiolaeth lafar ymhlith y bobloedd Celtaidd, a'i ddadansoddi. Fel y nodwyd uchod, roedd seiliau ei hoffder o lên gwerin, neu a bod yn fwy manwl, chwedlau tylwyth teg (yn ôl ei ddiffiniad eang yn *Celtic Folklore*), eisoes wedi eu plannu ynddo gan ei 'Fodryb Mari' pan oedd yn blentyn. Cryfhawyd y diddordeb cynnar hwn pan welodd gopi o lyfr Almaenaidd ar chwedloniaeth pan oedd yn ddisgybl yn Ysgol Frutanaidd Pen-llwyn. Pan ddaeth adref o'r Cyfandir yn 1871 ac yn ystod ei gyfnod yn arolygwr ysgolion, sylweddolodd werth gwirioneddol straeon gwerin a dechrau eu cofnodi. Cyfiawnhâi'r gwaith drwy ddweud ei fod yn casglu er mwyn hybu gwyddor ieitheg, ac nad oedd am eiliad yn colli golwg ar ei brif orchwyl fel 'Athro Celteg Coleg Iesu'.

Er bod diddordeb mewn straeon gwerin wedi ei feithrin ynddo'n gynnar, dylanwadau allanol a barodd iddo ddechrau casglu'r straeon. Meddai ar ddechrau Rhagair *Celtic Folklore:*

> Tua diwedd y saithdegau dechreuais gasglu llên gwerin Cymraeg. Gwneuthum hynny yn rhannol oherwydd bod eraill wedi gosod esiampl mewn mannau eraill, ac yn rhannol er mwyn gweld a allai Cymru ymffostio mewn adroddwyr chwedlau o'r math sy'n diddanu darllenwyr *Popular Tales of the West Highlands* Campbell.

Yn 1860 cyhoeddodd John Francis Campbell (1822-85) ddwy gyfrol gyntaf ei waith safonol, a dwy gyfrol arall yn 1862. Casglwyd y cyfan oddi ar lafar. Wrth gwrs, roedd gwŷr eraill yn y gwledydd Celtaidd i ysgogi Rhys i gasglu, yn arbennig felly yn Iwerddon. Rhoddwyd cychwyn i'r traddodiad gan T. Crofton-Croker (1798-1854) gyda'i *Fairy Legends and Traditions of Southern Ireland.* Dilynwyd ef gan ei gyfaill Thomas Keightley a'i *Tales and Popular Fictions* a *The Fairy Mythology.* Yn y chwedegau a'r saithdegau roedd Patrick Kennedy, y llyfrwerthwr o Ddulyn, yn casglu'n ddygn. Cyhoeddodd Kennedy dri llyfr, sef *Legendary Fictions of the Irish Celts* (1866), *The Fireside Stories of Ireland* (1870) a *The Bardic Stories of Ireland* (1871), yn cynnwys straeon hud rhyngwladol, chwedlau ysbryd, traddodiadau am y saint a sagâu yr arwyr Osianaidd. Yna yn Lloegr roedd E. S. Hartland a David Nutt, golygydd *Folk-Lore,* yn gyfeillion personol i Rhys. Gwyddai hefyd am waith gwŷr megis Edward Clodd ac A. W. Moore ar lên gwerin Ynys Manaw. Yng Nghymru roedd cofnodwyr megis Bleddyn a Myrddin Fardd wedi dod yn gyfeillion agos iddo a gwyddai am waith y prif gofnodwyr oll. Gall fod eu dylanwad hwythau yn drwm arno.

Sylweddolodd Rhys bwysigrwydd y straeon gwerin o safbwynt astudio meddwl y Celtiaid. Cyn amser Rhys nid oedd neb yng Nghymru wedi meddwl bod y stori werin yn teilyngu astudiaeth sustemateg. Sylweddolodd eangder a gwerth y cyfoeth llafar hwn – 'un ran bwysig o hanes yr oesoedd a aethant heibio ydyw pa beth a goeliai pobl yr oesoedd hynny . . .'[70]

Mater o frys ydoedd cofnodi'r straeon gwerin i Rhys, oherwydd gwelai hwy yn diflannu am byth:

> Nid oes amser fel yr amser presennol i gasglu gweddillion llên gwerin Cymru, a hynny am eu bod yn myned yn gyflym ar ddifancoll. Yr oedd yr hen bobl gynt yn eu credu i gyd, a llawer o drafferth a llafur a gafodd hen wladgarwyr twym-galon ein gwlad i ddiddyfnu eu cydgenedl oddiwrth eu crediniaethau hanner paganaidd – pob parch iddynt am eu hymdrechion. Ond erbyn hyn y mae y cyfan wedi peidio a bod o unrhyw bwys fel pwnc ymarferol, gan nad oes neb bellach yn credu yn y Tylwyth Teg a'r cyffelyb; ond cyn gynted ag y paid pethau o'r fath ddylanwadu ar feddyliau a dychymyg y genedl, bydd i'r genedl eu hanghofio am byth.[71]

Dywedir bod gan Rhys gymwysterau ardderchog ar gyfer casglu straeon ar lafar – bod iddo osgo cyfeillgar, a synnwyr cyffredin a ffraethineb a sicrhâi groeso iddo ym mhobman lle'r elai. Eto mae lle i amau llwyddiant ei gasglu llafar: cydnebydd ei hun bod swilder ymhlith ei hysbyswyr yn broblem. Dywedir bod yr athro o Rydychen braidd yn uchel-ael yn ei ymwneud â'r werin bobl – ei fod ef yn dysgu'r bobl, yn hytrach na'r bobl yn ei ddysgu ef. Dychrynodd un hen filwr o Fanaw fel hyn, beth bynnag, a methodd gael dim gwybodaeth ganddo. Efallai mai dyma sydd yn egluro paham bod Rhys yn dyfynnu cymaint o lyfrau a llythyrau yn hytrach nag oddi ar lafar.

Yn fras, roedd gan Rhys dair ffynhonnell i'w straeon. Y gyntaf, yn naturiol, oedd y llyfrau a'r cylchgronau hynny a gynhwysai straeon gwerin – *Cymru Fu, Teithiau* Pennant (a gyfieithwyd ganddo i'r Gymraeg), *Y Brython, The Cambrian Journal,* etc. Ail ddull Rhys o gofnodi oedd llythyru ac ymweld â phobl oedd yn ymddiddori yn lleol yn y straeon gwerin a'u cael hwy i gofnodi fersiynau iddo. Bu'n dra llwyddiannus fel hyn a chafodd nifer o fersiynau newydd a phwysig gan wŷr megis Hugh Derfel, Bleddyn, Myrddin Fardd, Alltud Eifion, etc. Er ei fod yn cael trafferth i groesholi drwy gyfrwng llythyrau, eto mae'n rhoi cryn lawer o fanylion pwysig am y rhai adroddai'r chwedlau. Roedd Rhys hefyd yn crwydro a chofnodi ei hun weithiau. Am ryw reswm ni chofnodai'r chwedlau llafar a glywai yn fanwl, dim ond rhoi braslun o'u cynnwys, fel y gwelir oddi wrth yr hyn gofnododd o chwedlau dau ŵr o Drefriw, Morris Hughes a J. D. Maclaren. Byddai cael fersiwn llawn, air am air fel yr adroddai'r hysbyswyr hwy, wedi bod yn dra gwerthfawr gan fod yma chwedlau prin iawn. Wrth grwydro fel hyn cofnododd y fersiwn llafar cyntaf ar chwedl 'Eilian Morwyn Garth Dorwen' gan arddwr yng Nglynllifon, William Thomas Solomon. Cafodd Solomon i'w sgrifennu iddo wedyn, ond dywed nad oedd hyn yn union fel yr adroddwyd hi wrtho. Bai Rhys oedd hyn: dylai fod wedi ei sgrifennu fel yr adroddwyd hi ar y pryd. Eto dengys y fersiwn werth parhaol *Celtic Folklore* – mae yma ugeiniau o straeon wedi eu cofnodi oddi ar lafar am y tro cyntaf, llawer ohonynt mewn tafodiaith:

> Mi'r oedd gwr a gwraig yn byw yn y Garth Dorwen ryw gyfnod maith yn ol, ag aethant i Gaer'narfon i gyflogi morwyn ar ddydd ffair G'langaeaf, ag yr oedd yn arferiad gan feibion a merched y pryd hynny i'r rhai oedd yn sefyll allan am lefydd aros yn top y maes presennol wrth boncan las oedd yn y fan y lle saif y Post-office presennol; aeth yr hen wr a'r hen wraig at y fan yma a gwelent eneth lan a gwallt melyn yn sefyll 'chydig o'r neilldu i bawb arall; aeth yr hen wraig ati a gofynnodd i'r eneth oedd arni eisiau lle. Atebodd fod, ag felly cyflogwyd yr eneth yn ddioed a daeth i'w lle i'r amser penodedig. Mi fyddai yn arferiad yr adeg hynny o nyddu ar ol swper yn hirnos y gauaf, ag fe fyddai y forwyn yn mynd i'r weirglodd i nyddu wrth oleu y lloer; ag fe fyddai tylwyth teg yn dwad ati hi i'r weirglodd i ganu a dawnsio. A ryw bryd yn y gwanwyn pan esdynnodd y dydd diangodd Eilian gyda a'r tylwythion teg i ffwrdd, ac ni welwyd 'mo'ni mwyach. Mae y cae y gwelwyd hi ddiwethaf yn cael ei alw hyd y dydd heddyw yn Gae Eilian a'r weirglodd yn Weirglodd y Forwyn. Mi'r oedd hen wraig y Garth Dorwen yn arfer rhoi gwragedd yn eu gwlâu, a byddai pawb yn cyrchu am dani o bob cyfeiriad; a rhyw bryd dyma wr boneddig ar ei geffyl at y drws ar noswaith loergan lleuad, a hithau yn glawio 'chydig ag yn niwl braidd, i 'nol yr hen wreigan at ei wraig; ag felly aeth yn sgil y gwr diarth ar gefn y march i Ros y Cowrt. Ar ganol y Rhos pryd hynny'r oedd poncan lled uchel yn debyg i hen amddiffynfa a llawer o gerrig mawrion ar ei phen a charnedd fawr o gerrig yn yr ochor ogleddol iddi, ag mae hi i'w gwel'd hyd y dydd heddyw dan yr enw Bryn y Pibion. Pan gyrhaeddasan y lle aethan' i ogo' fawr ag aethan' i 'stafell lle' roedd y wraig yn ei gwely, a'r lle crandia' a welodd yr hen wraig yrioed. Ag fe roth y wraig yn ei gwely ag aeth at y tan i drin y babi; ag ar ol iddi orphen dyna y gwr yn dod a photel i'r hen wraig i hiro llygaid y babi ag erfyn arni beidio a'i gyffwr' a'i llygaid ei hun. Ond ryw fodd ar ol rhoi y botel heibio fe ddaeth cosfa ar lygaid yr hen wraig a rhwbiodd ei llygaid â'r unbys ag oedd wedi bod yn rhwbio llygaid y baban a gwelodd hefo'r llygad hwnnw y wraig yn gorfedd ar docyn o frwyn a rhedyn crinion mewn ogo' fawr o gerrig mawr o bob tu iddi a 'chydig bach o dan mawn rhiw gornel, a gwelodd mai Eilian oedd hi, ei hen forwyn, ag hefo'r llygad arall yn gweld y lle crandia' a welodd yrioed. Ac yn mhen ychydig ar ol hynny aeth i'r

farchnad i Gaer'narfon a gwelodd y gwr a gofynnodd iddo – 'Pa sud mae Eilian?' 'O y mae hi yn bur dda', meddai wrth yr hen wraig: 'a pha lygad yr ydych yn fy ngwel'd?' 'Hefo hwn', meddai hithau. Cymerodd babwyren ag a'i tynodd allan ar unwaith.[72]

Mae gwaith Rhys yn bwysig am iddo ysgogi eraill i gofnodi: gwelir hyn yn gyson yn *Celtic Folklore*. Gwnaeth hyn yn bolisi pendant iddo'i hun:

> Dymunwn yn fawr lwyddo i argraffu ar feddyliau pobl yr eisteddfod hon y pwysigrwydd o ddodi ar gof a chadw yr hyn sydd hyd yn hyn ar gael o lên gwerin Cymru, pa un bynnag ai chwedl am y Tylwyth Teg neu ryw chwedlau eraill a fyddent.[73]

Addawodd gyhoeddi'r chwedlau a gesglid yn *Cymmrodor,* a rhaid ei fod am weld y cylchgrawn hwnnw yn dilyn *Folk-Lore* ei gyfaill Nutt.

Mewn nodyn wedi ei anelu at 'bob math a chyflwr o ddynion' dywed Rhys:

> Byddai'r awdur yn falch o glywed am straeon Cymraeg nas cofnodwyd, neu ddarnau o straeon Cymraeg nas cynhwysir yn y gyfrol hon. Byddai hefyd yn ddiolchgar o glywed enwi mwy o ardaloedd lle mae cof am y straeon a roddir yma, neu amrywiadau arnynt, yn parhau. Fe ymdrecha i gofnodi'r cwbl o'r wybodaeth ychwanegol yma, ar wahân i straeon bwganod ac ysbrydion cyffredin.[74]

Dengys hyn bod Rhys yn ei gyfyngu ei hun wrth gasglu straeon o fath arbennig, er mwy cyfiawnhau ei ddamcaniaethau mytholegol. Ni sylweddolodd bwysigrwydd y 'straeon bwganod ac ysbryd cyffredin' a'r llu straeon gwerin lafar eraill oedd ar gael. Eto ni ddylid byth fychanu cyfraniad Rhys i astudiaeth wyddonol o'r stori werin, a hynny ar raddfa genedlaethol. Llwyddodd i ryddhau'r stori werin o afael yr hynafiaethwyr a'r rhamantwyr a rhoi sail gadarn i astudiaeth newydd yng Nghymru.

Yn ystod tymor 1912-13 dechreuodd athro ac aelodau Dosbarth Cymraeg Pwyllgor Addysg sir Aberteifi yn Aberystwyth gasglu geiriau llafar gwlad. Enw'r athro goleuedig hwn oedd **T. Gwynn Jones** (1871-1949).

Ganed Gwynn Jones yng Ngwyndy Uchaf, Betws-yn-Rhos, yn fab i Siân ac Isaac Jones. Dywedir i Isaac Jones blannu yn ei fab ddiddordeb mawr mewn llên gwerin. Cadwodd y diddordeb cynnar hwn am weddill ei oes a daeth casglu straeon a chredoau gwerin yn waith pwysig a difyr iddo. Sylweddolodd hefyd yr angen am ysgogi eraill at y gwaith. Er enghraifft, pan sefydlodd myfyrwyr Aberystwyth Gymdeithas Lên Gwern Gymraeg, rhoddodd yr athro bob cefnogaeth.

Yn 1928 gwahoddwyd Gwynn Jones i annerch Cymdeithas Lên Gwerin Prydain a dewisodd y pwnc 'Gwrachyddiaeth yng Nghymru'. Yn sgil hyn cafodd gais gan gwmni Methnen am gyfrol ar lên gwerin Cymru. Aeth ati ar unwaith i roi trefn ar y defnyddiau oedd ganddo eisoes a chrwydro'r wlad i chwilio am fwy. Roedd yn llythyrwr enwog ac ni chollai gyfle yn yr un llythyr i holi am chwedlau, arferion a chredoau. Erbyn diwedd Medi roedd y llawysgrif yn nwylo'r cyhoeddwyr – cryn gamp o gofio eangder cynnwys y gyfrol – ac ymddangosodd *Welsh Folklore and Folk-Custom* ar ddechrau 1930.

Dywed Gwynn Jones nad ydyw'r llyfr 'ond cais i gyflwyno o fewn cwmpas cyfyng ddatganiad o brif nodweddion llên ac arferion gwerin Cymru. Ni fyddai triniaeth gymharol yn bosib o fewn ffiniau'r gwaith ac ni wneir ond ychydig gyfeiriadau at gytrasau mewn mannau eraill'. Yn hytrach, gwelai fod mwy o werth i'r llyfr mewn cofnodi straeon a chredoau oedd wedi goroesi. Trwy ddyfynnu o lyfrau ac oddi ar lafar llwyddodd Gwynn Jones i greu darlun clir a chryno o lên gwerin Gymraeg. Crynhoad o'r cwbl a gyhoeddwyd ar y pwnc hyd yn hyn ydyw gan mwyaf.

Yn dilyn cyhoeddi *Welsh Folklore and Folk-Custom* bu Gwynn Jones yn gohebu â Séamus Ó Duilearga ynglŷn â dulliau'r Institute Bealoideasa Eireann o gofnodi straeon llafar a thafodieithoedd. Ymddengys bod Gwynn Jones ar fin prynu 'Ediphone' ar gyfer casglu oddi ar lafar. Ar adeg pan oedd Llywodraeth Iwerddon yn rhoi llawer o gymorth ariannol i'r I.B.E., ni chafodd Gwynn Jones ddimai gan unrhyw gorff cyhoeddus. Ni ellir ond dychmygu y golled na chafodd ef a'i fyfyrwyr arian ac adnoddau i ddechrau cofnodi straeon llafar a thafodieithoedd yn y tridegau. Fel Rhys, o'i flaen, gosododd safon newydd i drin a chofnodi'r stori werin, a bu'n ysgogiad i lawer un ar ei ôl.

Yr un flwyddyn ag y cyhoeddwyd *Welsh Folklore* Gwynn Jones bu datblygiad pellach ym myd cofnodi straeon gwerin, pan gyhoeddodd **William Griffiths,** Hen Barc, Llanllechid (awdur 'Defaid William Morgan' ei *Ffraeth a Phert.*[75] Yn ei ragair i'r casgliad dywed Syr Ifor Williams:

> Dyma ffraethineb ac arabedd chwerw Arllechwedd ac Arfon, i'r dim, a hynny yn y dafodiaith sathredig. Pwy bynnag sydd am adnabod y

chwarelwyr yn iawn, dylai astudio'n ddwys a myfyrgar y tudalennau hyn . . .

Ychydig o arabedd heulog sy'n ffynnu yma . . . Ceir digon o ffraethineb sydyn . . .

Yn wir, trugaredd yw'r peth prinnaf yma. Nid arbedir nac anaf nac anffawd, ond trywenir i'r byw heb eiriach neb. Weithiau pastwn go afrosgo a ddefnyddir, casineb croesanaeth. Ond anodd peidio a gwenu, serch hynny. Sylwch fel mae'r efryddion a'r cloffion yn ei chael hi. Nid syn bod bonclust weithiau yn disgyn ar y fam-yng-nghyfraith; y mae hi wedi hen galedu i'r oruchwyliaeth. Eithr ni ddianc gwraig mynwes y chwarelwr chwaith, nac ambell i weddw.

Na, go brin yw trugaredd yn y straeon hyn. Eto nid creulondeb bwriadol maleisus sydd o dan y cyfryw o'r uchod, ond rhyw fath o arabedd garw, hoffter o ergyd a chlec ynddi – rhywbeth englynaidd . . .

Ceir yma hefyd ddarlun teg o ddireidi diniwed a chastiau aneiri chwarelwyr a thyddynwyr Arllechwedd.[76]

Cynhwysir yn y casgliad ugeiniau o straeon am ddywediadau bachog chwarelwyr y Penrhyn, straeon megis 'Esgidiau Wil Tomos':

Yr oedd W. Thomas, Parc Moch wedi mynd i Fangor i brynu pâr o esgidiau, aeth Wil i droi'i draed i'r tafarnau, a chafodd ei esgidiau eu lladrata. Pan ddaeth gartref, gofynnodd ei wraig iddo ymhle yr oedd y sgidia.

'Mae rhywun wedi i dwyn nhw', medda Wil, 'ond hidia befo, fedar o mo'i gwisgo nhw, ma'r cria gin i'.[77]

Gan bod hwn yn gasgliad mor ardderchog cynhwysir ef yn y testun. Gwelir yma gofnodi nifer o straeon digri am gymeriadau sydd yn dal yn fyw ar lafar ac yn cael eu tadogi ar wahanol gymeriadau ar hyd a lled Ardal Eryri.

Eto, cymharol ychydig fu dylwanad y llyfr. Ni chafwyd dilyniant iddo hyd nes cyhoeddi casgliad O. R. Williams o straeon, dywediadau a helyntion chwarelwyr Llanberis, *Wagenad o Straeon* (Dinbych, 1973). Gellid cymhwyso geiriau Syr Ifor at y llyfr hwn hefyd a chynhwysir llawer o'r straeon yn y testun.

Dyma gofnodi straeon na chafodd odid ddim sylw gan yr un ysgolhaig llên gwerin hyd yn hyn, ond sydd yn ran bwysig o draddodiad storïol Eryri yn y tri ugain mlynedd olaf gyda diflaniad llawer o'r straeon mwy traddodiadol eu naws.

Bu dylanwad y Dr Iorwerth Peate yn fawr ar ddatblygiad **Amgueddfa**

Werin Cymru, Sain Ffagan, gan ddilyn esiampl amgueddfeydd gwerin gwledydd Llychlyn.

Un o gyfraniadau mawr Amgueddfa Werin Cymru tuag at roi inni ddarlun llawn o'n diwylliant traddodiadol yw casglu, cofnodi a dadansoddi ein straeon gwerin yn wyddonol ysgolheigaidd, yn ôl safonau ymchwil rhyngwladol. Gwelir llawer o'r deunydd a gasglwyd yn Ardal Eryri yn nhestun y traethawd hwn. Fel hyn efallai y llwyddir i wneud yr hyn y ceisiodd Glasynys, Bleddyn a Myrddin Fardd ei wneud, sef diogelu ein straeon, eu poblogeiddio a'u cryfhau ar gyfer y dyfodol.

6. Y traddodiad adrodd straeon yn Eryri

Ar gyfer arolwg teip o'r testun llafar defnyddiwyd y ddau brif deip a ddefnyddiwyd i ddosbarthu'r testun oll, sef straeon a chwedlau, ac is-rannu'r dosbarthiadau wedyn yn ôl y gofyn.

Y Stori

Straeon am anifeiliaid 2 (AWC)
Ceir dwy stori o archifau AWC sy'n perthyn i'r dosbarth hwn, sef adysgrifau sgriptiau radio y 'Co' Bach'. Fodd bynnag, er eu bod yn fersiynau ar straeon rhyngwladol, hiwmor dychanol yw eu prif nod. Er y gellir olrhain ffynhonnell lenyddol i'r ddwy, ail-grewyd y plotiau i gryn raddau.

Straeon Hud 2 (AWC)
Yma eto gwelir y 'Co' Bach' yn rhoddi fersiwn digri, dychanol ar stori ryngwladol enwog, sef 'Cinderella'. Ceir hefyd stori gan W. T. Roberts, Llanfairfechan sy'n rhan o stori 'Jac y Cawr Laddwr'. Mae arddull y stori hon eto yn gwahaniaethu rhyngddi â'r straeon hud arferol ac y mae'n debyg iawn yn ei harddull i'r straeon digri cyffredin. Collwyd yr elfen arallfydol a rhoddwyd hiwmor yn ei le.

Straeon Rhamant 1 (SGAE)
Cofnodais un stori ramant, sef fersiwn llawn a chywir ar 'Y Brenin a'r Abad' (A-T 922), gan y Parch. J. D. Roberts, Y Waunfawr. Dengys y prinder hwn a'r ffaith na chofnodwyd yr un stori hud oddi ar lafar fod y traddodiad *marchen* a *novelle* wedi hen ddiflannu yn yr ardal.

Straeon Digri
Straeon Digri Cyffredin 60 (AWC); 65 (SGAE)
Dyma'r math o straeon a glywir mewn nosweithiau llawen a chyngherddau. Cafwyd y rhan fwyaf ohonynt gan wŷr sy'n arfer arwain nosweithiau o'r fath. Mae llawer ohonynt yn hen ffefrynnau, rhai yn rhyngwladol a rhai yn cael eu cofnodi am y tro cyntaf.

Dyma ran mwyaf byw y traddodiad llafar yn Eryri heddiw, gan fod dau neu dri o storïwyr gweithredol yn adrodd y straeon hyn oddi ar lwyfannau cyngherddau, eisteddfodau, ac ati. Mae ugeiniau o'r straeon hyn ar gael a dim ond detholiad a gofnodwyd er mwyn rhoi rhyw syniad am y cyfoeth sydd ar gael. Ychydig o'r straeon hyn a gofnodwyd cyn hyn yn y Gymraeg er y gellir tybio iddynt fod yn rhan o'r traddodiad llafar ers cenedlaethau.

Straeon Digri am Gymeriadau Lleol 50 (AWC); 50 (SGAE)
Mae'r rhan fwyaf o'r cymeriadau y sonnir amdanynt yn y straeon hyn yn hysbys i'r storïwyr unigol. Mae'r dosbarth hwn, er yn straeon, yn cynnwys llawer o elfennau is-deip o chwedl, neu hanner-chwedl. I ddechrau, credir yng ngeirwiredd llawer ohonynt oherwydd yr adroddir hwy am bobl hollol gyfarwydd i'r gynulleidfa. Rhydd Robin Gwyndaf dri rheswm dros ystyried straeon o'r fath yn straeon gwerin yn hytrach nag yn atgofion. Yn gyntaf, maent yn cael eu hadrodd mor aml nes meithrin rhai o nodweddion arddull ffurf celfyddyd lafar. Yn ail, maent yn straeon annibynnol a gallant sefyll ar eu pennau eu hunain, ar wahân i weddill y deunydd cofiannol. Yn drydydd, mae posibilrwydd i'r straeon digri annibynnol hyn (oherwydd eu harddull, eu ffurf a'u cynnwys diddorol) gael eu hystrydebu a chael eu cysylltu â chymeriadau eraill[1]. Yn bwysicach na hyn, adroddir hwy gan y storïwyr eu hunain fel petaent yn gytras â'r jôcs, er bod yr elfen ddigri yn aml yn wan iawn.

Cymhwysir yma hefyd straeon am droeon trwstan a adroddir mor aml a chyda chymaint o bleser. Mae lle i stori fel hyn bob amser yn yr Ardal; mae nifer y cerddi wedi eu seilio ar ddigwyddiadau o'r fath a ymddengys yn *Yr Herald Cymraeg* yn tystio i hyn. Mae llawer o'r storïwyr yn feirdd, neu egin feirdd, ac nid oes dim yn rhoi mwy o foddhad iddynt na chael stori tro trwstan yn sail cerdd newydd a gylchredir yn lleol wedyn, er mawr hwyl yn yr ardal. Mae anecdodau o'r fath yn nodweddiadol o gymdeithasau clos, cyfeillgar, lle mae pawb yn adnabod y sawl y digwyddodd y tro trwstan iddo, a lle gellir adrodd yr hanes mewn awyrgylch o dynnu coes a hwyl heb ddrwgdeimlad o gwbl.

Straeon Celwydd Golau 59 (AWC); 29 (SGAE)
Mae straeon celwydd golau yn boblogaidd yn yr Ardal, ond yn oddefol ymhlith unigolion yn awr. Buont yn fyw iawn pan oedd y chwareli ar eu hanterth ar ddechrau'r ganrif. Sonient am gampau gwŷr megis y 'Deryn Mawr, Siôn Ceryn Bach a Robat Jôs. Mae digon o'r straeon hyn ar gael o hyd, llawer ohonynt wedi eu clywed o enau'r cewri eu hunain, dim ond holi amdanynt.

Ni chanfûm i na Mr Robin Gwyndaf yr un storïwr sy'n adrodd straeon o'r fath amdano'i hun. Roedd digon yn cael eu tadogi ar eraill, fodd bynnag. Amrywia safon yr adrodd yn fawr, o ddull ffwrdd-â-hi y mwyafrif at adrodd bwriadol, ac actio hyd yn oed, storïwyr da megis W. J. Jones a Thomas Lewis Williams.

Straeon Digri am Lysenwau Trigolion Ardaloedd 3 (SGAE)
Gynt roedd i bob ardal ei llysenw, a stori, ddigri gan amlaf, tu ôl iddo yn egluro sut y daeth i fodolaeth. Erys llawer o'r enwau hyd heddiw, ond collwyd llawer o'r straeon, fel y gwelir oddi wrth y nifer fechan a gofnodwyd.

Straeon â Ffurf Arbennig 1 (AWC)
Dyma straeon traddodiadol sy'n dilyn patrwm arbennig. Mae nifer o is-deipiau megis straeon cynyddol, straeon dal a straeon cylch. Un stori o'r fath a gofnodwyd, sef stori ddiderfyn gan W. T. Roberts.

Cyfanswm Straeon AWC 174
Cyfanswm Straeon SGAE 148

TEIP	CASGLIAD	NIFER	CANRAN
Straeon am anifeiliaid	AWC	2	1.14%
	SGAE	0	0
Straeon Hud	AWC	2	1.14%
	SGAE	0	0
Straeon Rhamant	AWC	0	0
	SGAE	1	0.67%
Straeon Digri Cyffredin	AWC	60	34.48%
	SGAE	65	43.91%
Straeon Digri am Gymeriadau	AWC	50	28.73%
Lleol	SGAE	50	33.78%
Straeon Celwydd Golau	AWC	59	33.90%
	SGAE	29	19.59%
Straeon Digri am Lysenwau	AWC	0	0
Trigolion Ardaloedd	SGAE	3	2.02%
Straeon ar Ffurf Arbennig	AWC	1	0.57%
	SGAE	0	0

Y Chwedl

Chwedlau Lleol

Chwedlau am Bersonau Hanesydd Enwog 2 (AWC); 12 (SGAE)
Mae chwedlau newydd am bersonau hanesyddol enwog yn brin iawn erbyn hyn a'r hyn a geir gan amlaf (11 o'r 12 a gofnodais) yw ail-adrodd chwedlau a gofnodwyd eisoes, a hynny yn aml yn anghyflawn.

Chwedlau am y Saint 3 (SGAE)
Mae unrhyw chwedl, hen neu newydd, am y saint yn brin iawn bellach. Recordiais dair chwedl a gofnodwyd eisoes. Mae fersiwn John Pritchard Jones ar 'Beuno a'r Gylfinir' yn llawnach na'r fersiwn a rydd John Rhys. Clywodd hi ar lafar, peth anghyffredin yn achos chwedlau lleol.

Chwedlau am Gymeriadau Hynod 1 (AWC); 24 (SGAE)
Mae digon o chwedlau am gymeriadau hynod ar gael o hyd, ond gan mai traddodiad goddefol ydyw, rhaid holi amdanynt. Yr hen ffefrynnau y cofnodwyd cymaint o chwedlau amdanynt ar hyd y blynyddoedd yw'r prif gymeriadau – pobl gryf megis Marged uch Ifan, Cadi'r Cwmglas a Ffowc Tŷ Du, neu wŷr direidus megis Hen Lanciau Clogwyn y Gwin. Erbyn hyn, fodd bynnag, ceir ambell gymeriad newydd megis Sara'r Bysgotwraig (y ceir ychydig o'i hanes gan William Hobley), y Ledi Wen (cytras y Beca), Wil Jôs o'r Cennin, Meri'r Foryd, a'r hynotaf ohonynt oll – Y Bwytäwr Pechodau.

Yma eto mae llawer o'r chwedlau traddodiadol a gofnodwyd eisoes yn parhau ar gael, ond yn fratiog a chymysglyd iawn. Camgymerir yn gyson, er enghraifft, rhwng y chwedlau am Marged uch Ifan a Cadi'r Cwmglas. Ar y llaw arall, ceir nifer o chwedlau newydd a gwelir datblygiad yn statws ambell gymeriad hysbys. Enghraifft dda yw Marged uch Ifan. Dywedir iddi godi pontydd yn ardal Llanberis, a'i chysylltu â chwedl Barclodiad y Gawres. Gallai hyn fod wedi datblygu ymhellach oni bai fod y traddodiad yn awr yn hollol oddefol.

Chwedlau am Frwydrau 3 (SGAE)
Mae chwedlau am frwydrau eto'n brin a charpiog. Ni wneir fawr mwy na nodi safle brwydr a nodi pwy oedd yn ymladd gan amlaf.

Chwedlau am Drysor Cudd 14 (SGAE)
Ceir nifer o fersiynau carpiog ar chwedl trysor Myrddin, ond y mae hefyd nifer o chwedlau am drysor cudd nas cofnodwyd o'r blaen. Mae yn y rhain gymysgedd diddorol o draddodiad am aur cuddiedig a

chwedlau ag ynddynt elfennau goruwchnaturiol, megis breuddwyd yn nodi safle trysor cudd neu gorrach yn gwylio trysor nes ei ddarganfod gan y person cywir. Ffurfiant ddosbarth diddorol ac amrywiol iawn a dangosant barhad (goddefol bellach) nifer o hen fotifau traddodiadol.

Chwedlau am Ffynhonnau 3 (SGAE)
Ceir ychydig chwedlau am ffynhonnau ar wahân i ffynhonnau'r saint. Cysylltir hwy gan amlaf â gwella defaid oddi ar ddwylo. Maent yn dra gwybyddus i'r storïwyr ond ni ŵyr odid neb arall am eu bodolaeth.

Chwedlau am Orlifiad Tir 3 (SGAE)
Cofnodwyd tair fersiwn ar chwedl boddi Caer Arianrhod, a'r tri storïwr yn adrodd y chwedlau fel rhywbeth y credid unwaith ei fod yn wir ond y peidiwyd â chredu ynddo erbyn hyn. Mae un yn fratiog iawn ac wedi ei seilio ar fersiynau llenyddol stori boddi Cantre'r Gwaelod. Mae'r ail yn adrodd yr hyn a gofnodwyd gan Rhys, gan ychwanegu ato, ac mae'r trydydd yn fersiwn hollol newydd sy'n cynnwys motif traddodiadol.

Chwedlau Onomastig 1 (AWC); 13 (SGAE)
Mae elfen onomastig yn gryf mewn nifer o'r chwedlau a recordiwyd. Yn aml cymer y chwedlau cyfan eu lle mewn dosbarthiadau eraill. Fodd bynnag, mae rhai chwedlau sy'n amlwg yn chwedlau onomastig pur ac yn dra phoblogaidd o hyd. Mae dynion wedi ceisio esbonio enwau lleoedd drwy gyfrwng chwedlau fel hyn erioed ac mae'r chwedlau yn dal i gael eu hadrodd, o fewn cylch teulu yn unig bellach. Mae nifer wedi eu cofnodi ac yn hysbys i lawer, tra mae ychydig yn cael eu cofnodi am y tro cyntaf. Mae llawer yn ddigon elfennol, megis eglurhad ar enwau Moel y Cynghorion, Cwm Dwythwch a Phorthaethwy (Huw Jones). Ceir eraill yn rhoi eglurhad mwy manwl a storïol, megis chwedlau Braich Trigwr (William Edward Griffith) neu Ros Bawl (W. J. Jones).

Amryfal Chwedlau 17 (SGAE)
Cofnodais nifer o chwedlau, lleol gan mwyaf, yn ymwneud â thwnelau, carneddau ac ati, na ellid eu cynnwys dan y penawdau eraill.

Cyfanswm Chwedlau Lleol AWC	4
Cyfanswm Chwedlau Lleol SGAE	92

TEIP	CASGLIAD	NIFER	CANRAN
Straeon am Bersonau	AWC	2	50%
Hanesyddol Enwog	SGAE	12	13.04%
Chwedlau am Saint	AWC	0	0
	SGAE	3	3.26%
Chwedlau am Gymeriadau	AWC	1	25%
Hynod	SGAE	24	26.08%
Chwedlau am Frwydrau	AWC	0	0
	SGAE	3	3.26%
Chwedlau am Drysor Cudd	AWC	0	0
	SGAE	14	15.21%
Chwedlau am Ffynhonnau	AWC	0	0
	SGAE	3	3.26%
Chwedlau am Orlifiad Tir	AWC	0	0
	SGAE	3	3.26%
Chwedlau Onomastig	AWC	1	25%
	SGAE	13	14.13%
Amryfal Chwedlau	AWC	0	0
	SGAE	17	18.47%

Chwedlau am y Goruwchnaturiol

Chwedlau am y Tylwyth Teg 4 (AWC); 29 (SGAE)

Roedd yr ardal lle bûm yn cofnodi oddi ar lafar yn enwog ganrif a mwy yn ôl am ei chwedlau tylwyth teg. Gwelir hynny yn y chwedlau a gofnodais, oherwydd mae nifer yn ailadrodd chwedlau a gofnodwyd eisoes. Fodd bynnag, mae ambell chwedl newydd i'w chael ac yn dangos fel y mae rhai pobl yn dal i gredu yn y tylwyth teg o hyd.

Yn gymharol ddiweddar y bu'r gred gyffredinol mewn tylwyth teg farw – os marw hefyd. Ceir sôn am nifer o bobl a gredai'n bendant ynddynt, a thystia un gŵr, W. J. Jones, ei fod yn amau iddo'u gweld pan oedd yn blentyn, er nad yw'n gwbl sicr yn awr.

Chwedlau am Gewri 8 (SGAE)
Ni chofnodais i na Robin Gwyndaf yr un chwedl newydd am gewri yn Ardal Eryri (ar wahân i dadogi campau cawraidd ar Marged uch Ifan). Y cyfan a glywais oedd fersiynau anghyflawn ar chwedlau sydd wedi eu cofnodi eisoes. Fersiynau ar chwedlau Llam Trwsgl a Barclodiad y Gawres ydynt i gyd.

Chwedlau am Wrachod a Dewiniaid 1 (AWC); 18 (SGAE)
Roedd chwedlau am wrachod a dewiniaid yn boblogaidd iawn yn y gorffennol, yn arbennig felly'r syniad hynafol am wrach yn gallu newid ei ffurf fel y mynnai. Dyma adlais o hen chwedlau a motifau'r Oesoedd Canol a chofnodais fersiwn llafar ar chwedl o'r fath (gan Mrs Mary Awstin Jones) ac un arall ac arni ddylanwad llenyddol (gan William Jones, Y Waunfawr). Ceid hefyd chwedlau am wrachod yn rheibio dyn ac anifail a chynhwysir dwy enghraifft arbennig o eiddo Mr William Arthur Pritchard.

Ceid math arall o chwedl lle'r oedd y dewin yn llwyddo drwy fanteisio ar wendidau'r hil ddynol. Cofnodais nifer o chwedlau o'r fath am Guto Cilhaul a Robin Ddu Ddewin.

Chwedlau am Ysbrydion 12 (AWC); 66 (SGAE)
Er bod y traddodiad chwedlonol erbyn hyn yn hollol oddefol, dyma'r dosbarth chwedlau hawsaf i'w gasglu. Nid oes ond eisiau awgrymu'r pwnc ar unrhyw achlysur a bydd gan rywun chwedl ysbryd, a hynny gan amlaf yn brofiad personol neu brofiad cyfaill neu berthynas yn y gorffennol agos. Ychydig iawn o'r hen chwedlau ysbryd sydd yn cael eu hailadrodd, dim ond y rhai amlwg fel Bwgan Bryncir a Bwgan Plas Newydd. Yn hytrach, daeth llawer o chwedlau newydd yn eu lle. Mae llawer yn dal i gredu mewn ysbrydion ac yn eu synhwyro a'u gweld.

Mae amrywiaeth mawr, wrth gwrs, yn y chwedlau yma eto, o gyfeirio'n gwta at dŷ neu lecyn a aflonyddir gan ysbryd at chwedl brofiad bersonol W. J. Jones a'r Ci Du ac at Fwganod Plant.

Mae rhai mangreoedd fel petaent yn tynnu chwedlau atynt, megis ardal Tryfan Hall, Maes Tryfan. Mae sawl chwedl ar gael am brofiadau pobl yn y tŷ hwn a'r ffyrdd cul a thywyll o'i gwmpas. O gofio hyn, dylid ystyried grym momentwm. Mewn cymdeithas glos, lle credid mewn ysbrydion neu unrhyw fod goruwchnaturiol arall o ran hynny, peth naturiol, ar ôl i un gael profiad rhyfedd, oedd i nifer ei gael. Yr hyn sy'n ddiddorol, fodd bynnag, yw'r holl wahanol esboniadau a roddir dros fodolaeth yr un ysbryd.

Mae'r motifau i gyd yn draddodiadol, megis ôl gwaed annileadwy ar ôl llofruddiaeth (E.422. 1. 11. 5. 1.); ysbryd hunanladdiad yn methu cael llonyddwch (M.L. 4020 - Y Marw na Chafodd Faddeuant) neu'r Ci Du (F.401. 3. 3.).

Chwedlau am Ragfynegi Marwolaeth 1 (AWC); 36 (SGAE)
Mae llu o'r chwedlau hyn eto ar gael yn yr Ardal dim ond holi amdanynt. Yn yr achos hwn parhaodd y gred y gellid rhagfynegi marwolaeth hyd yn ddiweddar – yn wir, credir ynddi hyd heddiw gan rai pobl.

Mae'r chwedlau yn amrywiol iawn, o fynegi arwyddion arferol, megis:

Ci yn udo noson ola'
Daw marwolaeth cyn y bora'

at chwedlau cyflawn wedi eu seilio ar y credoau hyn.

Mae'r dulliau o ragfynegi yr un mor amrywiol – yn olwynion tân, cymylau duon, breuddwydion, rhithau, toilïod, canhwyllau cyrff ac adar cyrff. Ceir llawer chwedl brofiad yma a llawer sy'n cynnwys yr un motif, megis cri aderyn yn rhagfynegi marwolaeth (D. 1812. 5. 1. 12. 2), ond gydag amgylchiadau a phrofiadau gwahanol. Dengys hyn mor fyw a chyffredin oedd y traddodiad hyd yn ddiweddar iawn. Er mor gyffredin yw'r chwedlau profiad, ychydig o'r storïwyr eu hunain, a brofodd digwyddiad o'r fath. Lleolir y rhan fwyaf o'r chwedlau yn y gorffennol agos.

Chwedlau am Greaduriaid Chwedlonol 10 (SGAE)
Mae chwedlau am greaduriaid chwedlonol yn ddigon prin erbyn hyn, a hynny mewn ardal lle ceid gynt ugeiniau o chwedlau am anifeiliaid fel yr Aurwrychyn, Ceffylau Dŵr, yr Afanc, Gwiberod, pysgod unllygeidiog, ac ati.

Cofnodais rai chwedlau yn ymwneud ag anifeiliaid chwedlonol a gofnodwyd eisoes, megis yr Aurwrychyn a'r Afanc. Ceir rhai chwedlau newydd ond nid yw mwyafrif y storïwyr yn credu ynddynt. Cefais un chwedl brofiad bersonol arbennig iawn, sef 'Y Balel' gan Mrs Elin Williams.

Chwedlau am y Diwygiad 5 (SGAE)
Cafodd diwygiad 1904-5 gryn ddylanwad ar Ardal Eryri ac erys nifer o chwedlau am ddigwyddiadau rhyfedd y cyfnod, yn amrywio o ganu yn

yr awyr yn rhagfynegi ei ddyfodiad at bobl yn siarad tu hwnt i'w gallu, a phwt o gannwyll yn llosgi am gyfnod maith.

Cyfanswm Chwedlau am y Goruwchnaturiol AWC 18
Cyfanswm Chwedlau am y Goruwchnaturiol SGAE 172

TEIP	CASGLIAD	NIFER	CANRAN
Chwedlau am y Tylwyth Teg	AWC	4	22.22%
	SGAE	29	16.86%
Chwedlau am Gewri	AWC	0	0
	SGAE	8	4.65%
Chwedlau am Wrachod a Dewiniaid	AWC	1	5.55%
	SGAE	18	10.46%
Chwedlau am Ysbrydion	AWC	12	66.66%
	SGAE	66	38.37%
Chwedlau am Ragfynegi Marwolaeth	AWC	1	5.55%
	SGAE	36	20.93%
Chwedlau am Greaduriaid Chwedlonol	AWC	0	22.22%
	SGAE	10	5.81%
Chwedlau am y Diwygiad	AWC	0	0%
	SGAE	5	2.90%

Cyfanswm y Straeon Gwerin a recordiwyd gan AWC – 196

TEIP	NIFER	CANRAN
Straeon	174	88.78%

TEIP	NIFER	CANRAN
Chwedlau	22	11.22%

Cyfanswm y Straeon Gwerin a recordiwyd ar gyfer SGAE – 412

TEIP	NIFER	CANRAN
Straeon	148	35.92%

TEIP	NIFER	CANRAN
Chwedlau	264	64.07%

Gwelir yma fod y rhan fwyaf o'r deunydd a gasglwyd gan AWC yn straeon. Er bod yma saith o straeon hud a rhamant rhyngwladol maent yn rhai â naws digri iddynt i gyd. Yn wir, mae pob un o'r 174 stori yn cynnwys rhyw elfen o hiwmor, rhai yn fwy na'i gilydd yn naturiol.

Casglwyd deunydd AWC gan Mr Robin Gwyndaf, un sy'n ymddiddori'n arbennig mewn straeon digri. Gall hyn egluro pam bod cymaint mwy o straeon na chwedlau wedi eu casglu ganddo yn yr ardal. Gall fod dau reswm am hyn. Gallai Mr Gwyndaf fod wedi holi mwy am straeon digri gan ei hysbyswyr, neu gallai fod wedi holi hysbyswyr a wyddai straeon digri yn unig.

Ceir llawer o amrywiaeth yn y straeon digri cyffredin, ond yma eto dylid sylwi bod cyfraniad un gŵr yn gwneud gwahaniaeth mawr i'r cyfanswm. Heb straeon Mr William Jones (Wil Parsal), digon cyffredin fyddent o ran nifer. Ond eto, dylid cofio mai gwŷr megis Wil Parsal yw'r enghreifftiau cyfoes o'r storïwr llafar ar ei orau, yn sefyll gerbron cynulleidfa mewn noson lawen neu gyngerdd a'r straeon digri hyn – llawer ohonynt yn rhyngwladol megis 'Y Ci a Gafodd Addysg (A-T 1750 A) – yn byrlymu o'i enau.

O edrych ar y deunydd a gesglais ar gyfer SGAE, hawdd fuasai tybio fod llawer mwy o chwedlau nag o straeon ar gael. Ar un wedd mae hyn yn wir. Mae digon o chwedlau ar gael, ond bod llawer ohonynt yn garpiog ac yn anghyflawn, tra mae'r straeon yn llawer haws eu casglu, o ofyn amdanynt.

Yn y cyfanswm o 265 chwedl a recordiais mae llawer yn cael eu hailadrodd, ac felly nid yw'r cyfanswm mor uchel ag y byddid yn tybio ar yr olwg gyntaf. Yn wir, o ddadansoddi testun SGAE, gwelir fod canran llawer uwch o ailadrodd ymhlith y chwedlau nag ymhlith y straeon:

TEIP	CYFANSWM	NIFER A AILADRODDIR	CANRAN
Straeon	148	11	7.43%
Chwedlau	264	86	32.67%

Gellir dadansoddi y chwedlau a gofnodwyd ymhellach:

TEIP	CYFANSWM	NIFER A AILADRODDIR	CANRAN
Chwedlau lleol	92	48	52.17%
Chwedlau am y goruwchnaturiol	172	38	22.08%

Mae cyfartaledd uchel o'r chwedlau goruwchnaturiol yn brofiad. Hynny yw, adroddant brofiadau goruwchnaturiol pobl yr ardal, a'r rheini yn hysbys i'r storïwr. Ceir rhai chwedlau yn adrodd profiad y storïwr ei hun, fel yn achos Mrs Elin Williams a'r Bolel, Mr W. J. Jones a'r Tylwyth Teg a'r Ci Du, neu Mr W E Griffith a'r Golofn Dân. Ar y mwyaf, fodd bynnag, mae'r chwedlau profiad personol yn brin. Diffinir chwedlau profiad (*memorates)* yma fel chwedlau yn adrodd profiad pobl leol yn eu hymwneud â'r goruwchnaturiol, ond nid o angenrheidrwydd yn cael eu hadrodd yn y person cyntaf unigol.[2]

Gwelir gyda'r chwedlau goruwchnaturiol fod 134 ohonynt yn cael eu cofnodi am y tro cyntaf, gan adrodd profiad personol neu brofiad pobl o'r cylch. Gellir dweud, felly, fod 77.90% o'r chwedlau goruwchnaturiol a gofnodwyd yn brofiad. Gellid disgwyl iddynt ddatblygu'n chwedlau cyffredin (sagen) ymhen amser, drwy fynd yn fwy amhersonol a cholli llawer o'r manylion lleol. Gan fod y traddodiad llafar mor oddefol mae hyn yn annhebyg o ddigwydd. Arhosent yn chwedlau hysbys i un storïwr yn unig, ac am nad yw ef yn eu hadrodd byddant farw gydag ef.

Yr hyn sy'n amlwg yn y llu chwedlau profiad newydd ydyw fod coel gwerin byw yn meithrin profiadau newydd yn gyson, a bod hynny yn cadarnhau y traddodiad. Erbyn hyn nid oes neb yn Ardal Eryri yn credu mewn cewri, ac o'r wyth chwedl am gewri a gofnodais nid oedd yr un yn newydd, ond yn hytrach yn ddarnau anghyflawn o chwedlau a gofnodwyd eisoes. Yn yr un modd gyda'r Diafol. Ni chred neb mewn Diafol corfforol bellach ac ni chofnodais yr un chwedl amdano, hen na newydd. Ar y llaw arall, mae llawer yn dal i gredu mewn ysbrydion a rhagfynegi marwolaeth. O'r 66 chwedl ysbryd a gofnodais, dim ond dwy oedd wedi eu cofnodi cynt; hynny yw, mae 96.96% yn chwedlau profiad newydd. Mae'r un peth yn wir am y chwedlau rhagfynegi marwolaeth. O'r 36 chwedl a gofnodais, pump yn unig oedd ar gael cynt, hynny yw, mae 86.11% o'r chwedlau rhagfynegi marwolaeth yn chwedlau profiad newydd.

Mae'r chwedlau goruwchnaturiol yn rhan o'r traddodiad llafar sy'n fyw o hyd, fel y straeon digri, ond byd y traddodiad chwedlonol yn llawer mwy goddefol. Gellir adrodd stori ddigri a chael y gynulleidfa i chwerthin yn rhwydd. Gyda'r chwedlau goruwchnaturiol, fodd bynnag, gyda chymaint o bobl yn dilorni bodolaeth tylwyth teg ac ysbrydion, mae ar y storïwr yn aml ofn gwneud ei hun yn gyff gwawd drwy adrodd ei brofiadau ef ac eraill gerbron cynulleidfa.

Recordiwyd cyfraniad dau ar bymtheg o storïwyr o Ardal Eryri gan Robin Gwyndaf, recordiais a chofnodais innau straeon deugain o storïwyr.

Tybir yn aml, a hynny yn anghywir, mai gan hynafgwyr yn unig y ceir straeon gwerin. Nid yw hyn yn wir. Mewn traddodiad byw bydd y straeon yn hysbys i bob oed, ond gellid disgwyl i'r bobl mewn oed wybod mwy na'r bobl ifanc. Adlewyrchir gwirionedd hyn yn oed y storïwyr y cofnodwyd eu straeon yn Ardal Eryri.

Storïwyr AWC		**Storïwyr SGAE**	
Ifanc (hyd at 35)	0	Ifanc (hyd at 35)	1
Canol Oed	2	Canol Oed	10
65 neu drosodd	15	65 neu drosodd	29

Sylwasom uchod mai'r arfer yn gyffredin ledled y byd ydyw i'r gwŷr adrodd straeon a chwedlau gan amlaf, yn arbennig chwedlau arwrol. Fodd bynnag, yn Eryri erbyn hyn mae'r straeon sydd ar gael yn debycach i'r hyn a geid gan y *seanchaí* Gwyddeleg nag i straeon hud y *sgéalaí*. Straeon digri, anecdodol, chwedlau lleol a chwedlau am y goruwchnaturiol ydynt. Adroddid y chwedlau arwrol, y *scéalaíocht*, gan wŷr yn unig ar gyfer gwŷr, ond caniateid i wragedd adrodd *seanchas*. Adlewyrchir hyn yn Ardal Eryri:

Casgliad	**Gwŷr**	**Gwragedd**
AWC	14	3
SGAE	30	10

Tuedda'r gwŷr i fod yn fwy sicr ohonynt eu hunain ac yn barotach i siarad i feicroffon. Mae'n amlwg, fodd bynnag, fod digon o wragedd yn gwybod llawer o'r chwedlau ond yn rhy swil i'w hadrodd. Yn fy mhrofiad i os oedd gŵr a gwraig yn y stafell, y gŵr a adroddai'r straeon, gan droi at ei wraig bob hyn a hyn am gadarnhad.

Mae gwaith y storïwyr yn amrywiol iawn ac yn chwalu'r hen ddamcaniaeth mai gan bobl un dosbarth – yr isaf – y ceir straeon. Yr hyn sy'n bwysig ydyw fod cymdeithas gadarn yn bod i gynnal y straeon, a gellir cael honno mewn tref ddiwydiannol neu mewn pentref gwledig.

Yn y ffigyrau isod nodir prif waith y storïwyr. Yn aml iawn mae un gŵr wedi gwneud nifer o swyddi cyn troi at brif waith ei fywyd. Gwelir hynny gyda gwŷr megis John Awstin Jones a W. J. Jones, er enghraifft. Efallai y tybir fod rhif y chwarelwyr ymhlith storïwyr SGAE yn isel, ond nid yw hyn yn hollol gywir. Bu cryn nifer o'm hysbyswyr yn gweithio yn y chwarel cyn troi at waith arall, a chafodd y chwarel gryn ddylanwad arnynt hwy a'u straeon. Am fanylion am y storïwyr gweler y bywgraffiadau byr yn Atodiad I isod:

Gwaith Storïwyr AWC		**Gwaith Storïwyr SGAE**	
Chwarelwr	7	Ffermwr/tyddynnwr	12
Gwraig tŷ	2	Gwraig tŷ	8
Ffermwr/tyddynnwr	1	Chwarelwr	5
Clerc	1	Clerc	3
Saer	1	Pobydd	2
Gweinidog	1	Amryfal swyddi	2
Postmon	1	Cantores	1
Warden Bwrdd Gwarchodaeth Natur	1	Gweinidog	1
Gweithiwr Bwrdd Trydan	1	Saer	1
Ysgolfeistres	1	Gweithiwr rheilffordd	1
		Llyfrwerthwr	1
		Gweithiwr ffordd	1
		Porthor	1
		Cigydd	1

Ar gyfartaledd adroddodd hysbyswyr AWC 11.52 stori yr un, tra'r adroddodd hysbyswyr SGAE 10.32. Dengys hyn eto mor oddefol yw'r traddodiad storïol bellach yn Eryri. Yn ôl Dégh mae mwyafrif y gwir storïwyr, sef y rhai gweithredol, yn gwybod o leiaf ddeugain stori, ac mae'r rhan fwyaf ohonynt yn gwybod llawer mwy.[3] Yn rhyfedd iawn, tua deugain yw rhif straeon nifer o storïwyr gweithredol (digri) Eryri, megis Wil Parsal gyda 43 ac Idris Owen gyda 41. Gellid tybio fod ganddynt lawer mwy na hyn ar eu cof, ond nad oeddent yn eu cofio adeg y recordio.

Ar sail fy nghofnodi a'm dadansoddi gellir casglu fod y traddodiad storïol wedi peidio â bod yn beth byw yn Ardal Eryri erbyn heddiw, ar wahân i straeon y Noson Lawen. Os ydym am glywed straeon a chwedlau traddodiadol, heblaw straeon digri, rhaid cyfeirio'r sgwrs neu holi'n bendant, a hynny gydag unigolion ar eu haelwydydd.

Mae nifer o resymau dros ddirywiad y traddodiad. Adroddir straeon cyhyd ag y mae galw amdanynt. Fel y dangoswyd eisoes, cynnyrch cymdeithas arbennig yw'r storïwr gweithredol. Os newidia'r gymdeithas diflanna'r angen am straeon a cheir storïwyr goddefol, cyfyng eu gwybodaeth a gwan eu harddull. Caiff y gymdeithas ei diddanwch mewn dulliau eraill mwy cymwys i'w hamodau newydd. Bu nifer o ffactorau yn andwyol i'r traddodiad storïol llafar yn Eryri, a hynny dros gyfnod maith. Rydym yn awr yn gweld canlyniad hyn oll.

Yn yr unfed ganrif ar bymtheg a'r ail ganrif ar bymtheg teimlodd Cymru ddylanwad Protestaniaeth y Diwygwyr yn gyntaf ac yna'r Piwritaniaid. Rhaid i lawer hen goel, arfer a chwedl ddiflannu gyda'r creiriau a'r olion 'Pabyddol' a ddilëwyd yn y cyfnod hwn. Yna o ganol y ddeunawfed ganrif ymlaen daeth Cymru o dan ddylanwad Methodistiaeth â'i diwylliant newydd. Daeth y syniad o berthyn i gapel yn gryfach na'r syniad o berthyn i'r gymdeithas, a chafodd hyn ddylanwad andwyol ar lawer agwedd ar ddiwylliant gwerin. Yn ôl Edward Jones, Bardd y Brenin:

> Gellir beio llawer o ddirywiad sydyn cerdd dant ac arferion cenedlaethol Cymru i gryn raddau ar y twyllwyr penboeth neu'r pregethwyr taeogaidd anllythrennog y caniatawyd iddynt ymledu dros y wlad, gan gamarwain y rhan fwyaf o'r bobl gyffredin rhag eu Heglwys gyfreithiol; a'u cymell i ymwrthod â'u diddanion diniwed, megis Canu, Dawnsio a Chwaraeon a Difyrrwch gwledig eraill, y rhai cyn hyn yr arferent ymhyfrydu ynddynt, o'r amser cynharaf. Yn ystod fy nheithiau drwy'r Dywysogaeth, rwyf wedi cyfarfod nifer o Delynorion a Chantorion y darbwyllwyd hwy i ymwrthod â'u galwedigaeth gan y crwydriaid ansefydlog hyn, drwy ddweud ei fod yn bechadurus. Y canlyniad ydyw fod Cymru, a oedd yn un o wledydd mwyaf llawen a hapus y Byd yn awr yn un o'r rhai mwyaf diflas.[4]

Er bod medru darllen yn gyffredin yn y ddeunawfed ganrif, bu cryn gynnydd yn nifer y bobl lythrennog i ganlyn twf Methodistiaeth. Cafodd hyn ddylanwad andwyol ar afael cof, un o brif arfau'r storïwr gweithredol. Gwyddom bellach nad oes raid inni flino ein hunain yn dysgu deunydd y gallwn ei ganfod o edrych mewn llyfr cyfleus.[5] Nid peth newydd mo hyn. Mynegwyd yr un ofnau yn yr ail ganrif ar bymtheg gan John Aubrey yn ei *Remaines of Gentilisme and Judaisme*:

> Cyn Argraffu, roedd Straeon Gwerin yn gelfydd, ac er pan ddaeth Argraffu yn ffasiynol, ychydig cyn y Rhyfeloedd-cartref, mi ddysgid y

Bobl gyffredin i ddarllen. Yn awr mae Llyfrau yn gyffredin, ac y mae'r rhan fwyaf o'r tlodion yn gallu darllen; ac y mae'r llu Llyfrau da o'r amryfal Ddigwyddiadau wedi taflu'r holl hen Straeon o'r neilltu: ac y mae'r gelfyddyd ddwyfol o Argraffu a Phowdr Du wedi dychryn Robin Goodfellow a'r Tylwyth Teg ymaith.[6]

Mae'r ffaith hon yn fyd-eang. Dywedodd Seán Eoghain o Ynys Blascaod y cofiai lu o chwedlau gan Fiona ar un adeg ond ei fod yn eu prysur anghofio:

> . . . mae fy nghof cystal ag y bu erioed am bethau eraill. Ond Tomás sydd wedi gwneud hyn, oherwydd mae ganddo lyfrau a phapurau a darllen hwy i mi, ac y mae'r chwedlau bach, un ar ôl y llall, ddydd ar ôl dydd, yn y llyfrau a'r papurau newydd, wedi gyrru'r hen straeon o'm cof. Ond efallai nad ydwyf fawr gwaeth o'u colli.[7]

Nid oes gan bobl 'ddysgedig', llythrennog amser i wrando chwedlau maith am y Fianna neu gampau'r tylwyth teg.

> Nid oes gan drigolion cefnog y pentref ddim i'w ddweud wrth y stori werin. Adroddant straeon digri pan gynullant ynghyd ond ni wnânt ddim ond chwerthin am ben y stori hud faith. Mae'r pentrefwr parchus eisiau clywed rhywbeth 'gwir', digwyddiad hanesyddol; darllen bapurau newydd ac ni wrendy ar 'gelwyddau' bellach. Mae ei ffordd o feddwl yn rhesymegol. Mae'n gyfrannog o'r cyfryngau torfol cyfoes, addysg a safon byw gyfforddus, ac o ganlyniad gall chwilio am rywbeth tu hwnt i ddiddanwch llafar.[8]

Erbyn hyn mae mwyafrif y bobl yn gwrthod credu mewn tylwyth teg, Cŵn Annwfn a Dreigiau. Mae'r gymdeithas gyfoes yn meithrin mytholeg newydd, gan droi at arwyr lledrithiol y paith a'r heddlu Angl-Americannaidd. Yn Iwerddon llwyddodd y teledu i ddinistrio mwy mewn ychydig flynyddoedd na holl fyddinoedd Cromwell a'r Ddeddf Addysg Orfodol gyda'i gilydd. Trowyd tudalen olaf Llyfr y Bobl mewn sawl gwlad, gan gynnwys Cymru.[9] Mae'r teledu yn gwastatau a bellach unffurf i raddau helaeth iawn yw'r diwylliant 'yng Nghaliffornia a Sir Fôn'.

Gwaethygwyd y sefyllfa yn Ardal Eryri oherwydd diffyg gwaith a diboblogi. Mae llawer wedi gadael y tir a phan gaeodd y chwareli, a dim yn dod yn eu lle, aeth llawer o bobl o'r Ardal i chwilio am waith. Lle'r oed gynt ddeugain o dai a chymdeithas amaethyddol glos yng Nghwm

Pennant, nid oes yn awr ond tua wyth tŷ â phobl yn byw ynddynt gydol y flwyddyn. Mae'r gweddill yn furddunnod neu'n dai haf. Trowyd rhannau helaeth o bentrefi megis Dinorwig, Fachwen a Beddgelert yn dai gwyliau neu gartrefi ymddeol i Saeson uniaith o ddinasoedd Lloegr. Chwalwyd cymdeithas glos gan fewnlifiad estroniaid a dadwreiddiad y Cymry sydd ar ôl. Nid oes le i straeon gwerin mewn cymdeithas o'r fath.

Mae rhywbeth yn bathetig ac ysol yn nisgrifiad O Duilearga o Sean O Conaill ar ddiwedd y traddodiad llafar gweithredol yn Iwerddon, wedi colli ei gynulleidfa ers ugain mlynedd ond eto yn ymdeimlo â cheinder a gwerth ei straeon ac yn ceisio eu cadw mewn cof:

> Byddai'n arfer adrodd y chwedlau wrtho'i hun pan feddyliai nad oedd neb yn agos o gwbl i wrando arno. Pan oedd yn unig ar y mynydd yn gwylio'r gwartheg, neu'n dychwelyd adref i Cillrialaig o'r pentref dan gerdded yn araf tu ôl i'w gert, neu allan yn yr ardd yn gweithio ar ei ben ei hun, byddai siarad a chlepian a brygowthan mawr ganddo tra byddai wrthi'n adrodd y stori wrtho'i hun, ac wedi bwrw iddi byddai'n taflu ei freichiau allan i gadarnhau'r stori wrth y gynulleidfa nad oedd yno.[10]

Digwyddodd hyn ers blynyddoedd yn Ardal Eryri, ac nid oes ond darnau o'r traddodiad ar ôl yma ac acw.

Ôl-nodiadau

2. Termau'r Stori Werin

[1] Utley, F.L., 'Folk Literature: An Operational Definition' yn *The Study of Folklore*, t. 13.
[2] Tâp AWC 3760; gw. testun.
[3] Peate, Iorwerth C., *Diwylliant Gwerin Cymru* (Lerpwl, 1942), tt. 1-2. Gw. hefyd Peate, Iorwerth C., 'Ein Trysor Gwerthfawrocaf', *Amgueddfa* 3, tt. 2-4, a gan yr un awdur, 'Astudio Diwylliant Gwerin', *Syniadau* (Llandysul, 1969); hefyd Evans, George Ewart, *The Pattern Under the Plough* (Llundain, 1966), t. 21.
[4] Dundes, Alan, 'What is folklore?', *The Study of Folklore*, tt. 2-3.
[5] Briggs, K.M., *A Dictionary of British Folktales in the English Language*, Rhan A, I (Llundain, 1970), t. 1.
[6] Von Sydow, C.W., *Selected Papers on Folklore* (Copenhagen, 1946), t. 73.
[7] Pentikäinen, Juha, *The Nordic Dead-Child Tradition. A Study in Comparative Religion (F.F.C. Rhif 202)*, (Helsinci, 1968), tt. 121, 123.
[8] Von Sydow, C.W., *Selected Papers on Folklore* (Copenhagen, 1946), tt. 106-26.
[9] Thompson, Stith, *The Types of the Folktale. A Classification and Bibliography* (F.F.C., Rhif 184, Helsinci, 1961).

3. Natur y Stori Werin

[1] Williams, Ifor, *Pedeir Keinc y Mabinogi* (Caerdydd, 1930), t. 69.
[2] Ibid., tt. 81-2.
[3] Bascon, William R., 'Four Functions of Folklore' yn Dundes, Alan (gol.), *The Study of Folklore* (Englewood Cliffs, 1965), tt. 279-98.
[4] Rees, Alwyn D. a Rees, Brinley, *Celtic Heritage*, (Llundain, 1961), t. 19.
[5] Robert, Gruffydd, *Gramadeg Cymraeg*, G.J. Williams (gol.), (Caerdydd, 1939), tt. 2-3.
[6] Williams, Ifor, *Hen Chwedlau* (Caerdydd, 1949), t. 3.
[7] 'Glasynys a'i Gefndir' yn *Ysgrifau Beirniadol II*, J.E. Caerwyn Williams (gol.), (Dinbych, 1966), tt. 157-8.
[8] Roberts, Kate, *Y Lôn Wen* (Dinbych, 1960), t. 33.
[9] Richards, Melville (gol.), *Meddai Syr Ifor* (Caernarfon, 1968), tt. 42-7; A-T 766.
[10] Hudson-Williams, T., 'Llwyn y Nef: Chwedl a Grwydrodd', *Y Geninen* (1925), tt. 127-31.
[11] Williams, J.E. Caerwyn, *Y Storïwr Gwyddeleg a'i Chwedlau*, (Caerdydd, 1972), t.30.
[12] Rees, Alwyn D., *Life in a Welsh Countryside*, (Caerdydd, 1971), t. 100. Pwysleisia George Ewart Evans yntau bwysigrwydd yr aelwyd gynt yn nhraddodiadau a meddylfryd y bobl yn *The Pattern Under the Plough* (Llundain, 1966), tt. 72-82. Yn ôl E. Estyn Evans roedd yr un peth yn wir am yr Alban ac Iwerddon, *Irish Folk Ways*, tt. 59-71.
[13] Roberts, C.T., 'Arfon (1759-1822)', *Trafodion Cymdeithas Hanes Sir Gaernarfon* 1 (1939), tt. 55-6.
[14] *Y Lôn Wen*, tt. 26-30.
[15] Gwyndaf, Robin, 'Blodeuyn Bach Mewn Gardd', *Barn* 34 (Awst, 1965), tt. 292-3.

16 McKelvie, Donald, 'Aspects of Oral Tradition and Belief in an Industrial Region', *Folk Life* 1 (1963), t. 86.

17 *Ibid.*, t. 91.

18 'Aspects of Mining Folklore in Wales', *Folk Life* 9 (1971), tt. 79-107.

19 Hughes, Mathonwy, *Bywyd yr Ucheldir: Darlith Flynyddol Llyfrgell Penygroes 1972-73* (Llyfrgell Sir Gaernarfon, 1973), t. 16. Yr un yw tystiolaeth Dr Thomas Parry yn Narlith Flynyddol Llyfrgell Penygroes 1971-72, *Tŷ a Thyddyn* (Llyfrgell Sir Gaernarfon, 1972) ac yn gyson yn *Y Lôn Wen*.

20 Jones, Gwilym R., *Gwŷr Glew y Garreg Las: Darlith Radio Flynyddol* BBC Cymru (Caerdydd, 1974), t. 7. Gw. adran 'Hiwmor' y testun am enghreifftiau.

21 *Y Lôn Wen*, t. 31.

22 *Life in a Welsh Countryside*, tt. 83-4.

23 Jones, J. Towyn, *Ar Lwybr Llofrudd* (Llandysul, 1970), t. 19.

24 Jones, John (Myrddin Fardd), *Llên Gwerin Sir Gaernarfon* (Caernarfon, 1908), tt. 284-5.

25 Ashton, Charles, 'Bywyd Gwledig yng Nghymru', *Cofnodion Eisetddfod Genedlaethol Bangor* (1890), t. 73.

26 Evans, Hugh, *Cwm Eithin* (Lerpwl, 1931), t. 150.

27 *Celtic Folklore*, t. 76; gw. pennod 'Y Cofnodwyr'.

28 Richards, Nansi, *Cwpwrdd Nansi* (Llandysul, 1972), tt. 119-20.

29 Williams, Elisabeth, 'Hwyl Cefn Gwlad', *Siaced Fraith* (Aberystwyth, 1952).

30 Carmichael, Alexander, *Carmina Cadelica* Cyf. 2 (Oliver & Boyd, 1928) tt. xxii-xxix.

31 Jackson, Kenneth H., *The International Popular Tale and Early Welsh Tradition* (Caerdydd, 1961), tt. 52-5.

32 The Gaelic Story-Teller, tt. 188.

33 'Bywyd Gwledig yng Nghymru', tt.74-5.

34 *Cwm Eithin*, t. 154.

35 *Cwm Eithin*, tt. 155-6; gw. hefyd *Cymru* (1906), t. 195.

36 *Celtic Folklore*, tt. 214-15, am ddisgrifiad llawn o'r gwaith a wneid mewn Pilnos gw. *Cwm Eithin*, tt. 158-9.

37 *Y Storïwr Gwyddeleg*, t. 59.

38 *Ibid.*, tt. 59-60.

39 'Bywyd Gwledig yng Nghymru', t. 66.

40 *Drych yr Amseroedd* (Llanrwst, s.d.), t. 53.

41 *Celtic Folklore*, t. 76.

42 'Bywyd Gwledig yng Nghymru', t. 67.

43 'Bywyd Gwledig yng Nghymru', t. 77.

44 Roberts, Gomer M., *Portread o Ddiwygiwr* (Caernarfon, 1969), t. 63.

45 Williams, William, *Observations on the Snowdon Mountains* (Rhydychen, 1802), tt. 13-14.

46 Owen. J. Dyfnallt, 'Yr Hen Ardal', *Rhamant a Rhyddid*, (Clwb Llyfrau Cymraeg, 1952), t. 14.

47 Owen, Elias, 'On some Customs Remaining in Wales', *Y Cymmrodor II* (1876), tt. 134-5.

48 *Drych yr Amseroedd*, tt. 49-50.

49 Peate, Iorwerth C., *Diwylliant Gwerin Cymru* (Lerpwl, 1942), t. 80.

50 Powel, T. Teganwy, 'Gwylnos yn Ngelligaer, Mynwy', *Cyfaill yr Aelwyd* (Chwefror 1886), t. 55.

51 'Bywyd Gwledig yng Nghymru', t. 82.

52 *Drych yr Amseroedd*, t. 49.

53 Davies, J. Ceredig, *Folk-lore of West and Mid-Wales* (Aberystwyth, 1911), t.41.

54 Ashton, G. M. (gol.), *Hunangofiant a Llythyrau Twm o'r Nant* (Caerdydd, 1948), t. 75.

55 Morris, Meredith, 'The Folklore of South Pembrokeshire', Llsgf. Caerdydd 4.308, tt. 52 ff.

56 Williams, Elisabeth, 'Chwedlau Nain', *Dirwyn Edafedd* (Aberystwyth, 1953), t. 64.

57 Jones, Daniel Evan, *Hanes Plwyfi Llangeler a Phenboyr* (Llandysul, 1899), t. 370.

58 Christiansen, Reidar Th., 'The Dead and the Living', *Studia Norvegica* 2 (Oslo, 1946), t. 31.

59 Jones, Owen Wynne (Glasynys), *Gwaith Barddonol Glasynys: Y Llenor* xiii (Wrecsam, 1898), t. 25, 11. 1-16.

60 'Bywyd Gwledig yng Nghymru', tt. 50-1.

61 Rees, William (Gwilym Hiraethog), *Helyntion Bywyd Hen Deiliwr* (Lerpwl, 1877).

62 Campbell, *Popular Tales of the West Highlands* 1 (Caeredin, 1890), tt. xii; xiv; lvii.

63 Stewart, David, *Sketches of the Highlanders* (Inverness, 1885), t. 114.

64 Jones, John (Myrddin Fardd), *Llên Gwerin Sir Gaernarfon*, (Caernarfon, 1908), t. 277.

4. Y Ffynonellau Ysgrifenedig

1 *Cymru Fu* (Lerpwl, 1862), tt. 434-44.

2 *Williams' Sixpenny Guide to Bangor and the Neighbourhood* (Bangor, 1882), t. 21.

3 Thomas Jones, 'Llên Gwerin yn Nheithlyfr Gerallt Gymro', *Mân Us* (Caerdydd, 1949), tt. 36-7.

4 *Cymru Fu*, tt. 474-7.

5 'Teithiau Thomas Pennant', *Taliesin*, xxiv, t. 125.

6 *Leigh's Guide to Wales and Monmouthshire* (pedwerydd argraffiad, Llundain, 1839), t. 20.

7 *The Cambrian Tourist*, tt. 233-4.

5. Y Cofnodwyr

1 Bakhtin, Mikhail, *Rabelais and His World*, cyfieithiad Helen Iswolsky (Cambridge, Mas., 1968), t. 4.

2 Pierce, Ellis (Elis o'r Nant), *A Guide to Nant Conway* (Blaenau Ffestiniog, tua 1886); gw. hefyd adran 'Ysbrydion' y testun am gyfeiriadau eraill.

3 Jones, J . Gwynfor, 'Diddordebau Diwylliannol Wyniaid Gwedir', *Llên Cymru* xi, tt. 95-124.

4 Wynn, Siôn, *An Ancient Survey of Penmaenmawr, North Wales, From the Original Manuscript, of the Time of Charles I* (Llanfairfechan, 1906).

5 *An Ancient Survey*, t. 26.

6 *Ibid.*, t. 27.

7 Williams, G. J., *Edward Lhuyd ac Iolo Morganwg* (Caerdydd, 1964), t. 6.

[8] Dorson, Richard M., *The British Folklorists: A History* (Chicago, 1968), t. 3.

[9] Emery, F. V., 'A Map of Edward Lhuyd's *Parochial Queries in order to a Geographical Dictionary, etc., of Wales* (1696), *Traf. Cym.* (1958), t. 41.

[10] *Edward Lhuyd ac Iolo Morganwg*, t. 7.

[11] Parry, G. Tecwyn, *Llanberis: ei Hanes, ei Phobl, a'i Phethau* (Caernarfon, 1908), tt. 86-7; hefyd gopi o'r llythyr yn Eglwys Peris Sant, Nant Peris.

[12] Williams, Robert, 'The Legend of Llyn yr Afangc', *The Cambrian Journal* (1859), tt. 142-4.

[13] Millward, E. G., Rhagymadrodd, *Detholion o Ddyddiadur Eben Fardd* (Caerdydd, 1968), tt. xix-xx.

[14] Thomas, Ebeneser (Eben Fardd), 'Rhagarweiniad', *Cyff Beuno, sef Awdl ar adgyweiriad Eglwys Clynnog Fawr . . .* (Tremadog, 1863) t. 9.

[15] 'Rhagymadrodd', *Cyff Beuno.*

[16] Rhys, John, 'Anrhydeddu'r Geiriadurwr', *Cymru* XXII, t. 13.

[17] Owen, Bob, 'Dyffryn Madog', *Cymru* 1, t. 235.

[18] *Y Brython*, Mehefin 25, 1856, t. 3.

[19] Samuel, David, 'Ymweliad a Llanwrin', *Cymru* III, tt. 12-13.

[20] Samuel, David, 'Sylvaniana', *Y Geninen* (1905), t. 21.

[21] *Ibid.*, t. 17.

[22] Jenkins, R. T., *Hanes Cymru yn y Bedwaredd Ganrif ar Bymtheg* (Caerdydd, 1933), t. 116.

[23] *Y Brython*, II, 'Rhagymadrodd', tt. iii-iv.

[24] Salmon, Llwyd, 'Moel Tryfan', *Y Brython*, 1862, tt. 72; 189.

[25] *Cymru Fu*, t. 177.

[26] Edwards, O. M. (gol.), *Gwaith Barddonol Glasynys* (Wrecsam, 1898), t. 78.

[27] *Straeon Glasynys*, t. ix.

[28] *Straeon Glasynys*, t. xxi.

[29] Owen, Richard (Glaslyn), 'Bleddyn', *Cymru* XXIV, tt. 175-6.

[30] Rees, J. Machreth, 'Glasynys yn Llanfachreth', *Cymru*, XX, tt. 103-5.

[31] *Cymru Fu*, t. 360.

[32] Davies, Richard, 'Glasynys', *Y Geninen* (Gŵyl Dewi, 1888), t. 73; gw. hefyd *Adgofion*, t. 7.

[33] 'Myrddin Wyllt', *Cymru* XXVIII, tt. 77-81.

[34] Glasynys. Llythyr yn 'Y Gohebiaethau', *Y Brython* III (Mawrth, 1860), t. 114.

[35] *Cymru Fu*, t. 476.

[36] *Ibid.*, t. 173.

[37] Jones, William, *Plwyf Beddgelert, ei Hynafiaethau a'i Gofiannau* (Tremadog, 1862).

[38] *Y Diarhebion*, Cyf. I, Casgliad William Jones (Bleddyn) (Cyfres y Fil, 1912).

[39] *Celtic Folklore*, tt. 75-82; fy nghyfieithiad i.

[40] *Celtic Folklore*, tt. 103-4.

[41] Williams, Ifor, 'Huw Derfel a'i Dad', *Y Traethodydd* (1946), tt. 174-83; (1947), tt. 177-83.

[42] *Hynafiaethau.Llandegai a Llanllechid*, t. 18.

[43] *Celtic Folklore*, t. 52.

[44] Glaslyn, 'Hynafiaethau Penrhyndeudraeth', *Cymru* XXVII, t. 205.

[45] Glaslyn, 'Cwm Croesor', *Cymru* XXV, tt. 16-17.

[46] *Ibid.*, t. 18.
[47] Glaslyn, 'Pennod o Chwedlau', *Cymru* XXXI, t. 149.
[48] *Ibid.*, t. 150.
[49] Glaslyn, 'Cwm Croesor', *Cymru* XXX, tt. 15-19.
[50] Glaslyn, 'Y Brenin Arthur yn y Wyddfa', *Y Geninen* XII (1894), t. 138.
[51] 1836 yw'r dyddiad gan Cybi yn 'John Jones (Myrddin Fardd). 1836-1921' yn *Cymeriadau Hynod Sir Gaernarfon* (Llangybi, 1923) ac William Rowlands yn *Y Bywgraffiadur*, t. 454; ond 1837 a rydd Cybi yn ei gyfrol goffa iddo, *John Jones (Myrddin Fardd), 1837-1921* (Llandysul, 1945).
[52] Isfryn, 'Myrddin Fardd', *Y Geninen* (1922), t. 196.
[53] E.c., talodd gyflog diwrnod a noson i ddau ŵr godi carreg fedd John Williams, 'Apostol Ymneilltuaeth yn Sir Gaernarfon', ar ôl ei darganfod yn 1885 – gw. *Myrddin Fardd*, t. 29.
[54] *Llên Gwerin Sir Gaernarfon*, t. xi.
[55] *Ibid.*, tt. x-xi.
[56] *Ibid.*, t. vii.
[57] *Llên Gwerin Sir Gaernarfon*, t. iv.
[58] *Llên Gwerin Sir Gaernarfon*, tt. ????
[59] *Hanes Methodistiaeth Arfon* II (Cyfarfod Misol Arfon, 1913), t. 215.
[60] Carneddog, *Blodau'r Gynghanedd* (Caernarfon, 1920), t. 8.
[61] 'Perlau'r Diwygiad', *Cymru* III, tt. 248-50.
[62] 'Aberglaslyn', *Cymru* XVI, tt. 69-74.
[63] 'Nant Gwynant. Ei Hanes, ei Thraddodiadau, a'i Thrigolion', *Cymru* XL, tt. 293-7.
[64] 'Enwau Bro'r Eryri', *Cymru* LIX, tt. 110-13.
[65] 'Ymadroddion Gwlad o'r Eryri', *Cymru* LXXII, tt. 49-51.
[66] 'Chwedlau Eryri', *Cymru* XVIII, t. 56.
[67] Evans, William, *Y Cymro*, Ionawr 8, 1916.
[68] Evans, E. Vincent, 'The Late Right Hon. Sir John Rhŷs, P.C., D.Litt., Ll.D. Appreciations by his friends and fellow workers', *Traf. Cymm.* (1914-15), t. 237; gw. hefyd 'Syr John Rhys', *Y Geninen* XXXIV, tt. 73-4.
[69] 'Hen Chwedloniaeth y Cymry', *Cymru* XVI, tt. 1-6.
[70] Rhys, John, 'Y Tylwyth Teg', *Cymru* 58 (1920), t. 81; gw. hefyd *Celtic Folklore*, tt. 558-9.
[71] 'Y Tylwyth Teg', t. 82.
[72] *Celtic Folklore*, tt. 210-11.
[73] 'Y Tylwyth Teg', t. 81.
[74] *Celtic Folklore*, t. xxx.
[75] Dyma enw poblogaidd y llyfr. Ei enw llawn oedd *Casgliad o Ddywediadau Ffraeth Rhai o Gymeriadau Plwyfi Llanllechid a Llandegai ynghyd ag Englynion a Phenillion o waith William Griffiths, Hen Barc, Llanllechid*. Argraffwyd y llyfr ym Mangor.
[76] *Ffraeth a Phert*, tt. iii-v.
[77] *Ibid.*, t. 18.

6. Y traddodiad adrodd straeon yn Eryri

1 Gwyndaf, Robin, 'The Prose Narrative Repertoire of a Passive Tradition Bearer in a Welsh Rural Community: Genre Analysis and Formation', tt. 4-5.

2 Honks, Lauri, 'Memorates and the Study of Folk Beliefs', *Journal of the Folklore Institute*, 1 (1964), tt. 5-19; hefyd Pentikäinen, Juha, *The Nordic Dead-Child Tradition. Nordic Dead-Child Beings. A Study in Comparative Religion* (F.F.C. 202, Helsinci, 1968), tt. 118-24.

3 Dégh, Linda, *Folktales and Society. Story-telling in a Hungarian Peasant Community* (Bloomington, 1969), tt. 166-8.

4 Jones, Edward, *The Bardic Museum* (Llundain, 1802), t. xvi; gw. hefyd Jenkins, R. T., *Hanes Cymru yn y Ddeunawfed Ganrif* (Caerdydd, 1931), tt. 74-6; 103.

5 Chaytor, J. H., *From Script to Print* (Caergrawnt, 1950), t. 116.

6 Dorson, Richard M., *The British Folklorists: A History* (Gwasg Prifysgol Chicago, 1968), t. 6.

7 Flower, Robin., *The Western Island or The Great Blasket* (Rhydychen, 1944), t. 70.

8 *Folktales and Society*, t. 81; gw. hefyd *Y Storïwr Gwyddeleg*, t. 30.

9 Yeats, W. B., *Fairy and Folk Tales of Ireland* (Gerrarde Cross, 1973), t. vi.

10 *Y Storïwr Gwyddeleg*, t. 46.